from・to 保育者 books 4

カンタンに弾けてゴージャスに聴こえるピアノ伴奏譜

年齢別 12か月

こどものうた

カンタン ゴージャス 154

はじめに

本書は、保育に欠かせない環境として重要な役割を果たす「うた」を、より音楽性の高い、しかも弾きやすく、うたいやすいピアノ伴奏譜として一冊にまとめ、子どもたちが心身ともに健やかに成長する一助となるよう願って出版されました。

いつもの保育でご活用されますことを願っています。

矢田部 宏

矢田部 宏・編曲

ひかりのくに

この本の最大の特長

カンタンに弾ける！
ゴージャスに聴こえる！
ことをめざしたピアノ伴奏譜です！

その他の特長

1 指番号つき
弾くときの指づかいの参考にしてください。

2 ㋣㋹㋯表記つき
初心者の方には心強い味方、左手にドレミのふりがなをつけました。

3 コードネームつき
コードがわかる方は参考にしてください。

4 3歳・4歳・5歳の3年齢分の、4月から3月の12か月におおよそ当てはまる目安として、各3曲ずつを選曲。現役保育者によるアンケートで上位を占めた現場推薦の曲を中心に選んでいます。

5 3・4・5歳児にとって、高すぎたり低すぎたりする音域は極力避けました。うたいやすい伴奏譜として編曲してあります。

6 おしゃれな前奏が各曲に入っています。

7 発表会など、行事の本番でも使える音楽性の高い伴奏譜です。

8 保育に生かすヒントとしてのコメントを各曲に入れました。

使いやすさへの配慮

Ⅰ 定番のうた P.10～P.174
年齢別・12か月を順番に配列しています。

Ⅱ 毎日のうた P.175～P.181
保育現場で毎日うたいたい歌です。

Ⅲ 行事や遊びのうた P.182～P.208
保育の行事や遊びの中で取り入れられる歌です。

Ⅳ いつでものうた P.209～P.235
季節を問わず、いろんな場面でうたいたい歌です。

Ⅴ ふれあいあそびうた P.236～P.253
低年齢児とのふれあいあそび、幼児の手合わせあそび、
あらゆるふれあいあそびをイラストとともにお届けします。

Ⅵ 人気ソング P.254～P.274
テレビや映画で話題になった
人気ソングもピアノ譜にしました。

本書では
ペダルを ____/ の
略号で示して
います。

★もくじ★

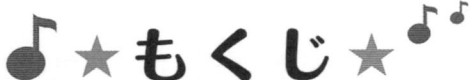

V ふれあいあそびうた

VI 人気ソング

♥ 50音順さくいん ♥

※「定番」は「定番のうた」、「毎日」は「毎日のうた」、「行事や遊び」は「行事や遊びのうた」、「いつでも」は「いつでものうた」、「ふれあいあそび」は「ふれあいあそびうた」です

き

く

け

こ

さ

し

せ

そ

た

※「定番」は「定番のうた」、「毎日」は「毎日のうた」、「行事や遊び」は「行事や遊びのうた」、「いつでも」は「いつでものうた」、「ふれあいあそび」は「ふれあいあそびうた」です

おはなが わらった

●作詞／保冨康午　●作曲／湯山 昭　●編曲／矢田部 宏

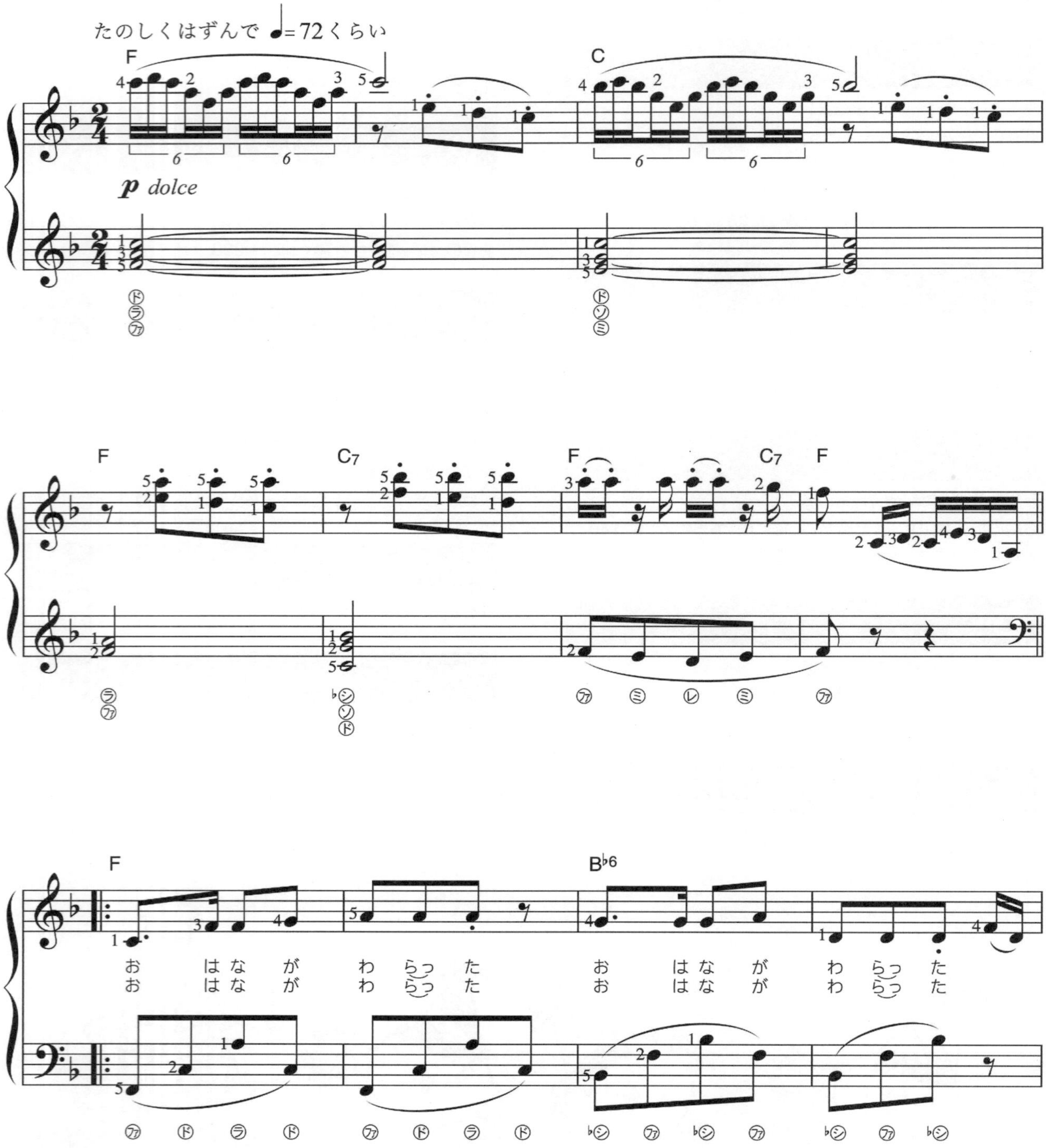

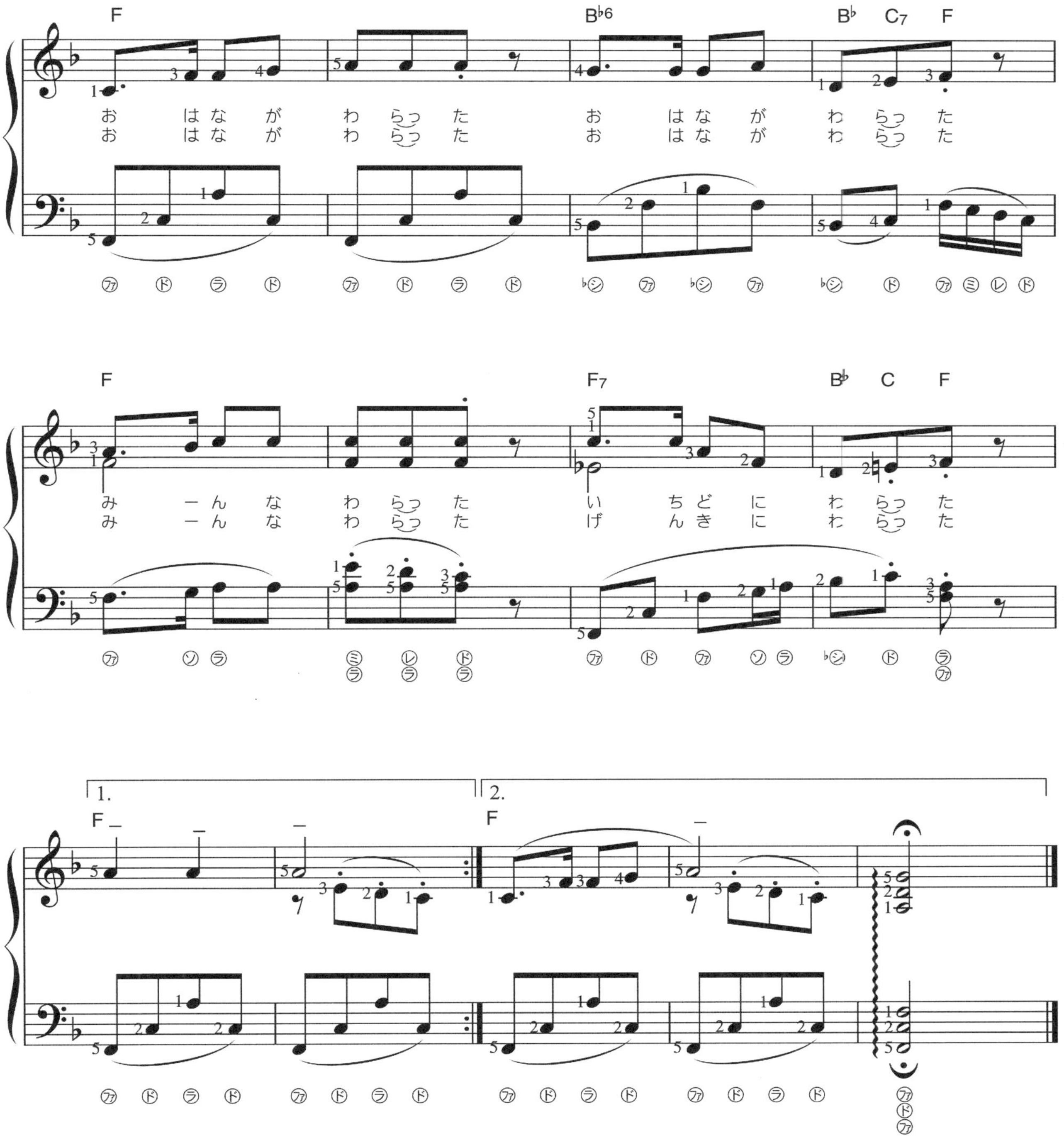

4月は、新しい環境に緊張している子どもも多いと思います。みんな楽しく、元気に笑って気持ちをほぐしていきましょう。

かぜさんに あげよう

●作詞／矢田部誠子　●作曲／矢田部 宏

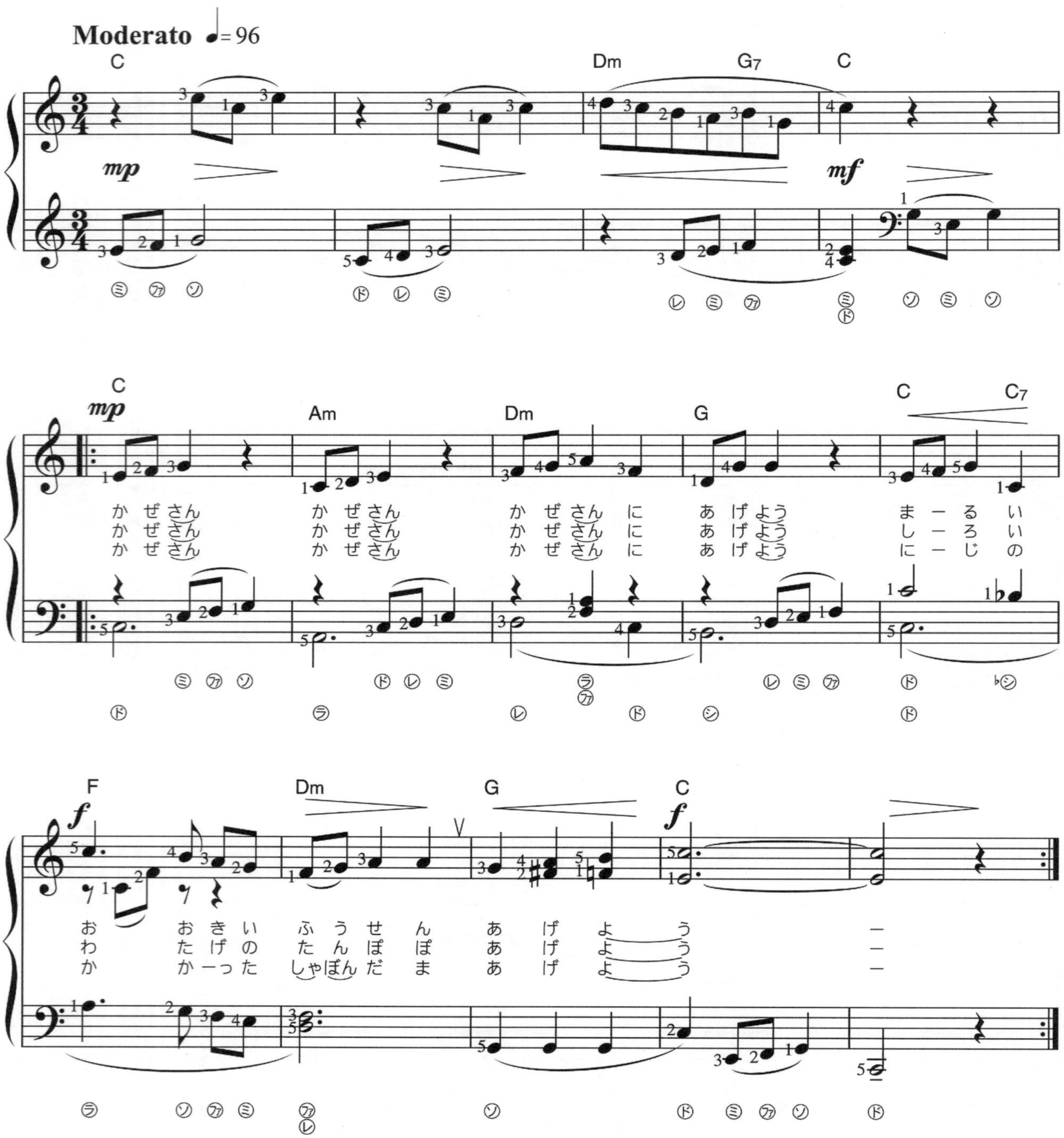
Moderato ♩=96
かぜさん かぜさん かぜさん に あげよう まーるい おおきい ふうせん あげよう ー
かぜさん かぜさん かぜさん に あげよう しーろい わたげの たんぽぽ あげよう ー
かぜさん かぜさん かぜさん に あげよう にーじの かかーった しゃぼんだま あげよう ー

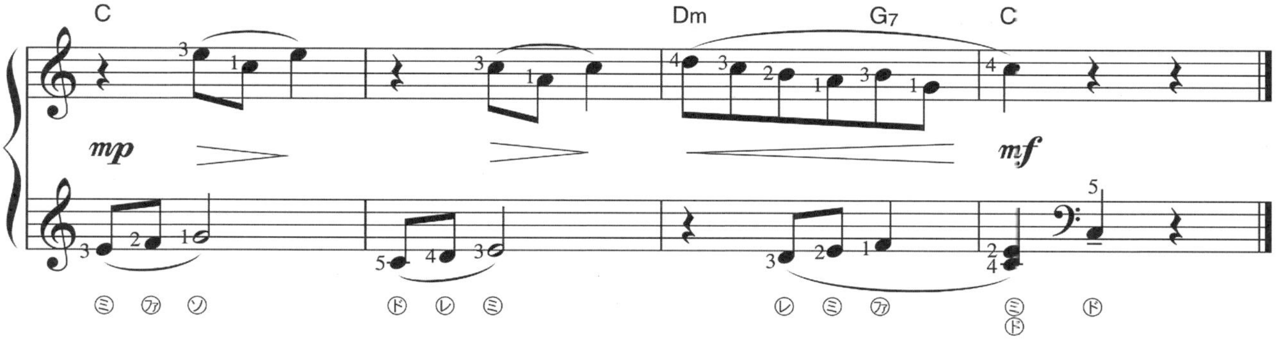

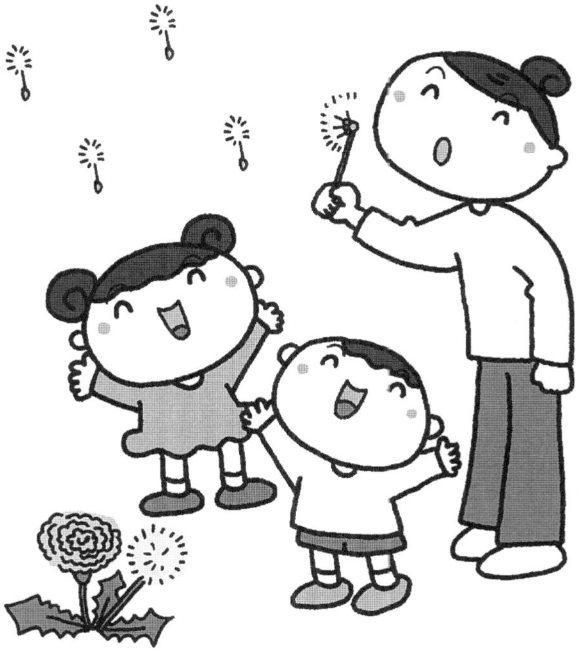

園庭に出て、実際に風船やタンポポを「かぜさん」にあげてみましょう。

ちょうちょう

●作詞／野村秋足・稲垣千頴　●スペイン民謡　●編曲／矢田部 宏

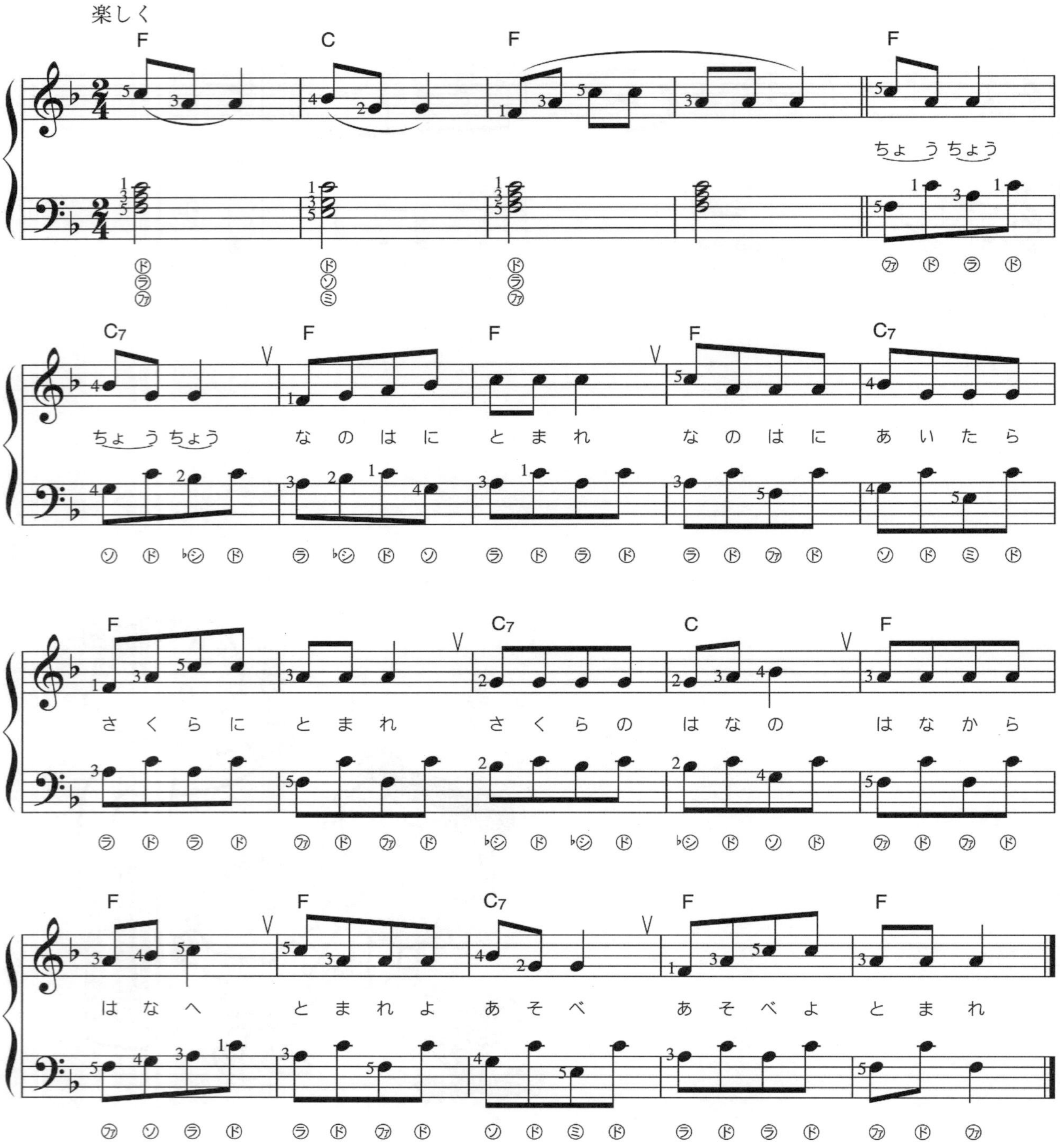
楽しく
ちょうちょう
ちょうちょう　なのはに　とまれ　なのはに　あいたら
さくらに　とまれ　さくらの　はなの　はなから
はなへ　とまれよ　あそべ　あそべよ　とまれ

ちょうちょうが飛ぶようすをイメージしながら、楽しくゆったりと弾きましょう。

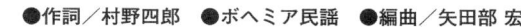

ぶんぶんぶん

●作詞／村野四郎　●ボヘミア民謡　●編曲／矢田部 宏

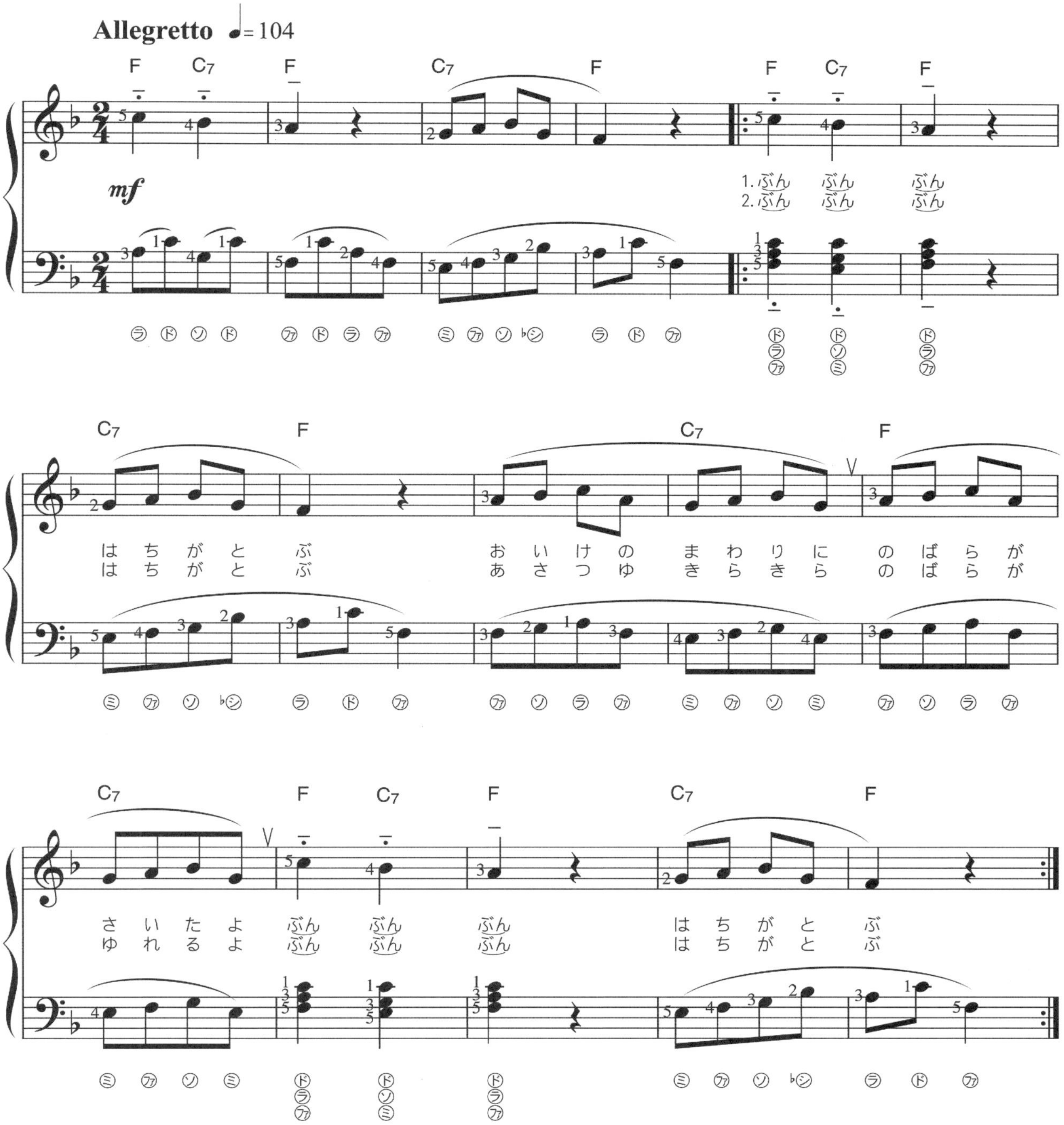
Allegretto ♩= 104
mf
1. ぶん ぶん ぶん は ち が と ぶ お い け の ま わ り に の ば ら が さ い た よ ぶん ぶん ぶん は ち が と ぶ
2. ぶん ぶん ぶん は ち が と ぶ あ さ つ ゆ き ら き ら の ば ら が ゆ れ る よ ぶん ぶん ぶん は ち が と ぶ

「のばら」の花の蜜や朝露を飲みにくるハチをイメージしながら歌いましょう。

おとなりどうし

●作詞／小春久一郎　●作曲／矢田部 宏

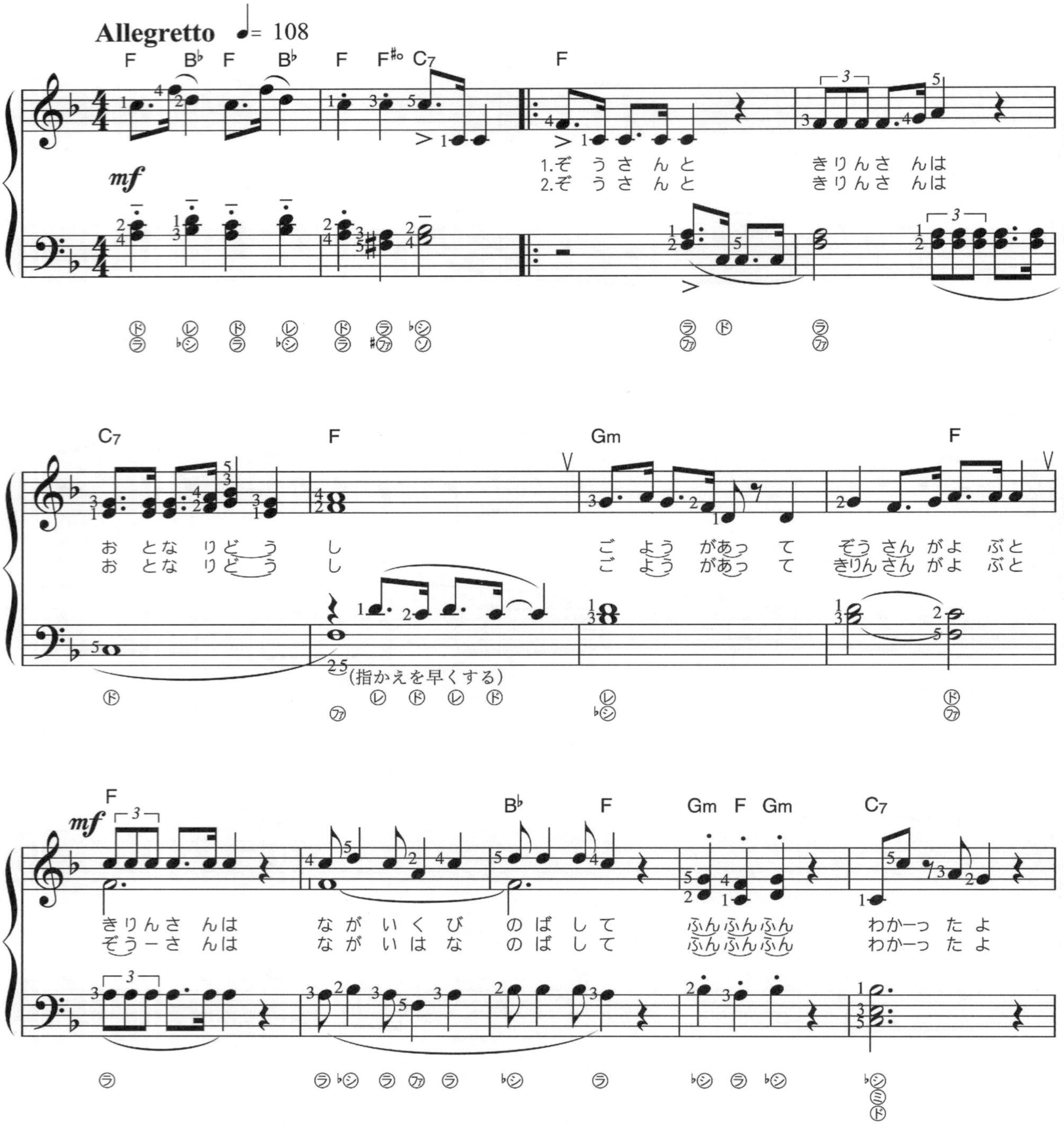
Allegretto ♩= 108
mf
F B♭ F B♭ F F♯o C7 F
1.ぞうさんと きりんさんは
2.ぞうさんと きりんさんは
C7 F Gm F
おとなりどうし ごようがあって ぞうさんがよぶと
おとなりどうし ごようがあって きりんさんがよぶと
(指かえを早くする)
F B♭ F Gm F Gm C7
mf
きりんさんは ながいくび のばして ふんふんふん わかーったよ
ぞうーさんは ながいはな のばして ふんふんふん わかーったよ

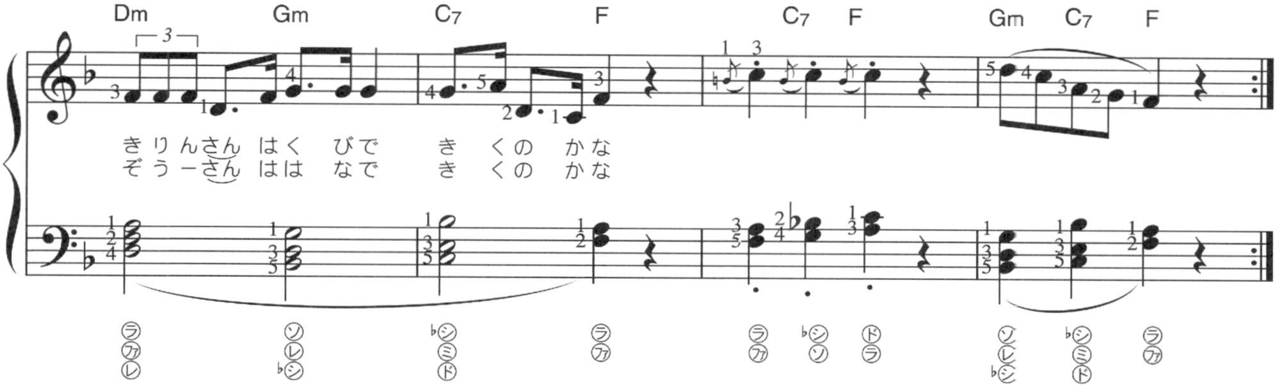
Dm Gm C7 F C7 F Gm C7 F
きりんさん はく びで き くの かな
ぞうーさん はは なで き くの かな

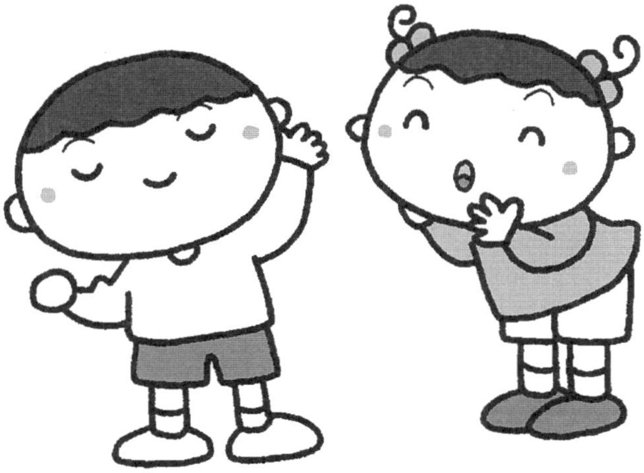

ぞうさんときりんさんがお話しするようすを、体を使って表現して楽しみましょう。

オーイ！ こいのぼり

●作詞・作曲／峯　陽　●編曲／矢田部 宏

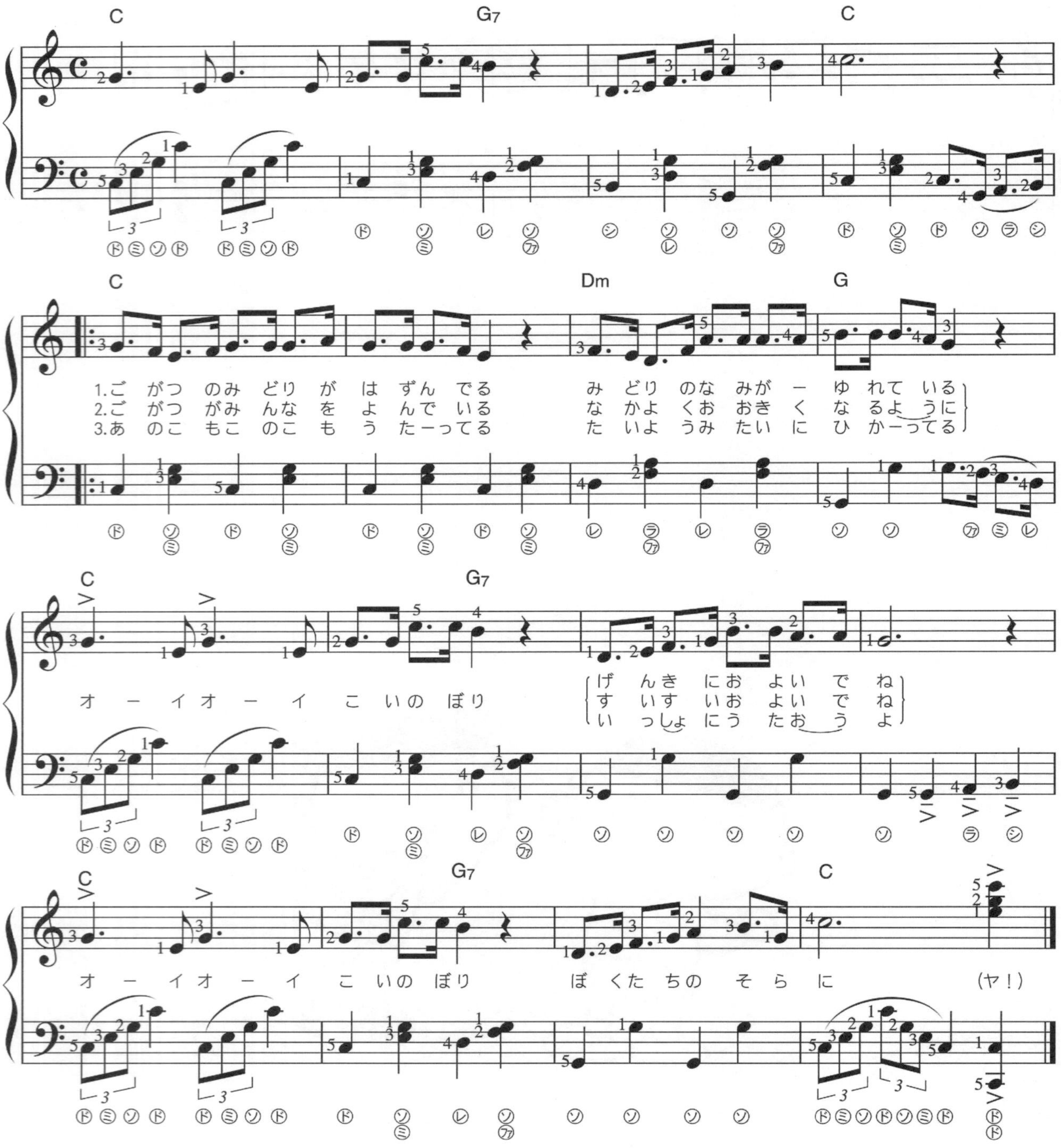
C
G7
C
C
Dm
G
1.ご がつ のみ どり が は ずん でる　み どり のな みが ー ゆ れて いる
2.ご がつ がみ んな を よ んで いる　な かよ くお おき く な るよ うに
3.あ のこ もこ のこ も う たーってる　た いよ うみ たい に ひ かーってる
C
G7
オ ー イオ ー イ こ いの ぼり
げ んき にお よい で ね
す いす いお よい で ね
い っしょ にう たお う よ
C
G7
C
オ ー イオ ー イ こ いの ぼり　ぼ くた ちの そ ら に　(ヤ！)

「オーイ オーイ こいのぼり」と、こいのぼりに呼びかけながら歌いましょう。

かえるの がっしょう

●訳詞／岡本敏明 ●ドイツ民謡 ●編曲／矢田部 宏

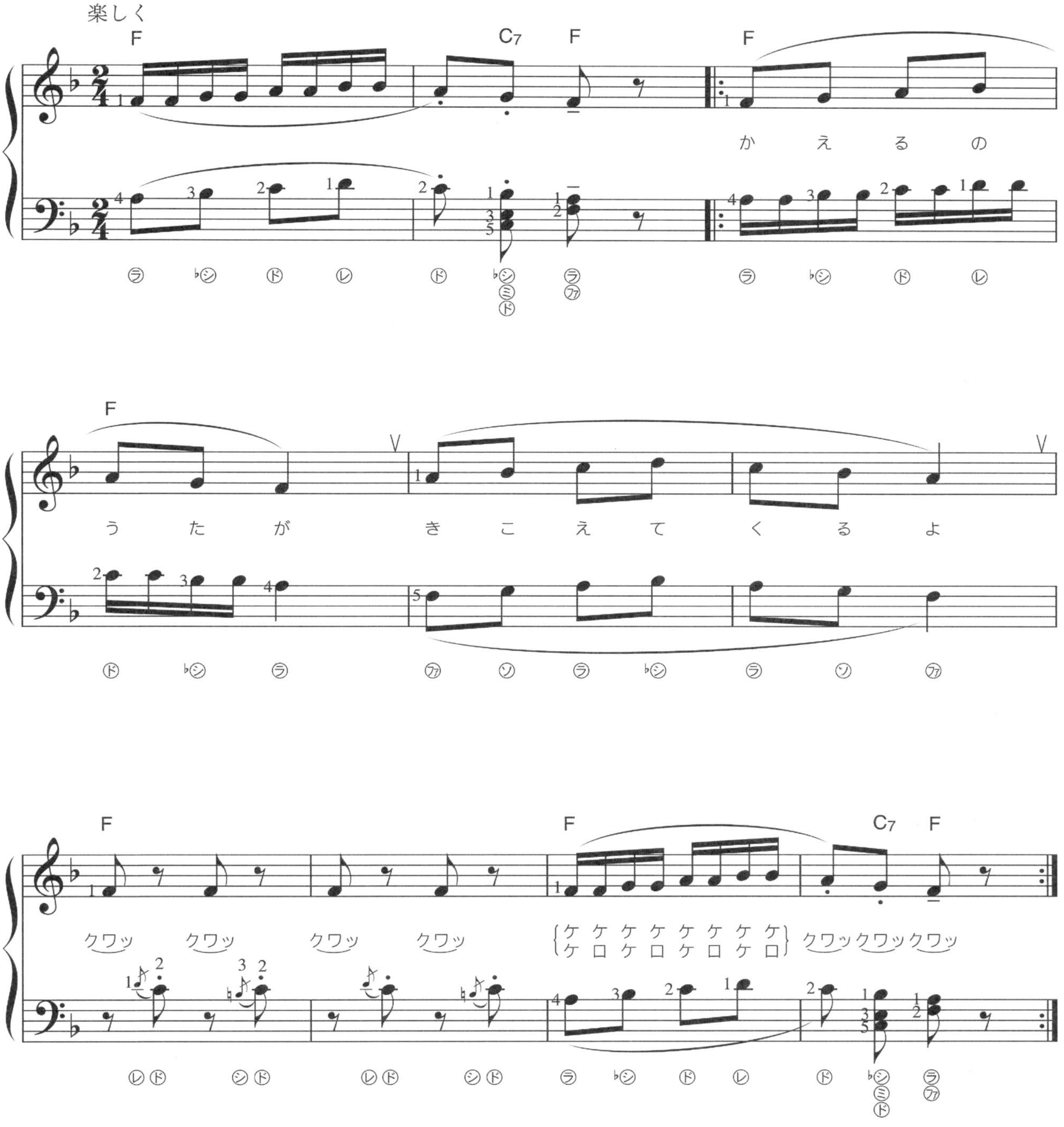

かえるの動作をしながら、歌ったり、グループに分かれて輪唱をしたりして楽しみましょう。

はを みがきましょう

●作詞・作曲／則武昭彦　●編曲／矢田部 宏

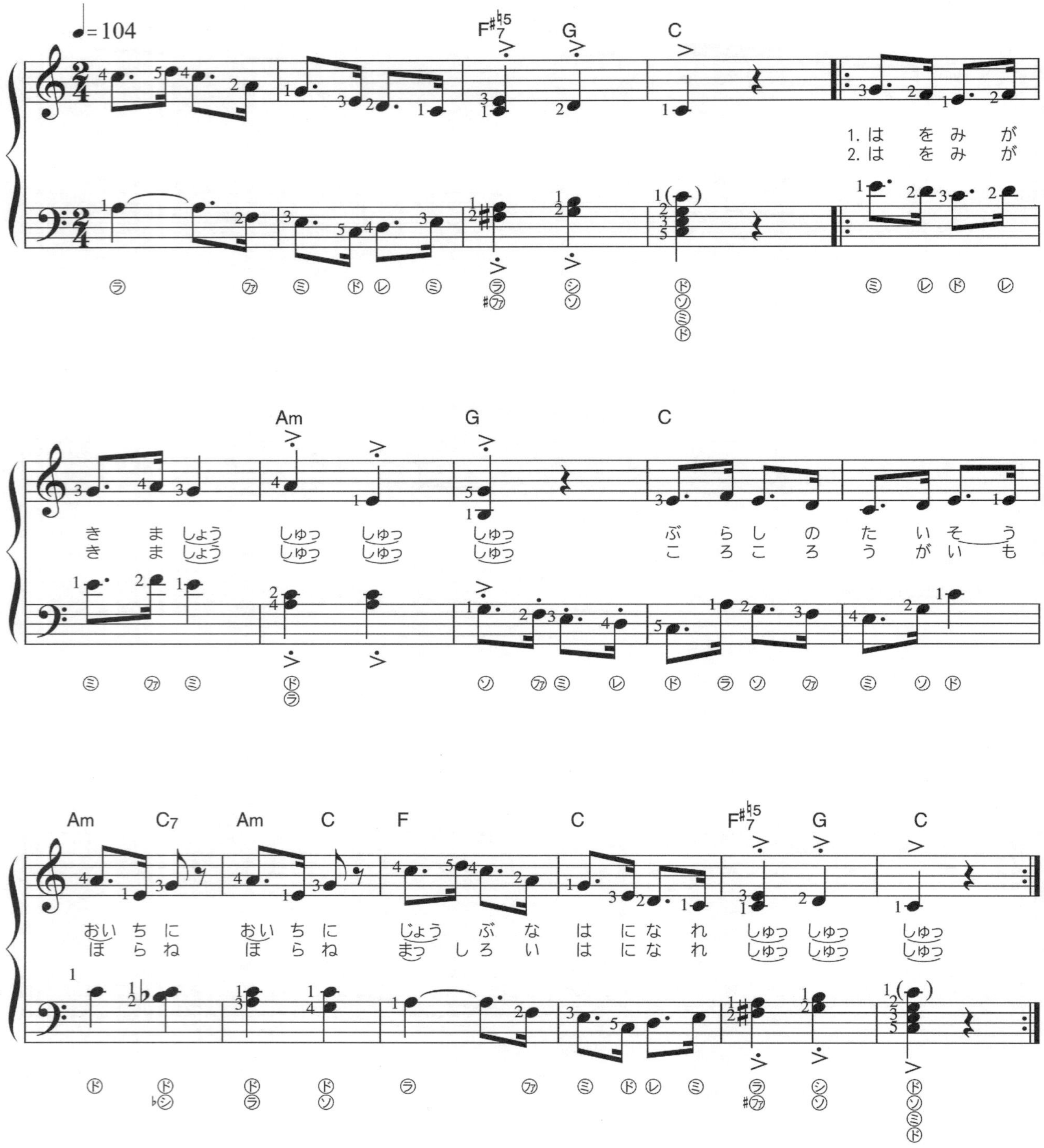
♩=104
F♯7♭5 G C
1. は を み が
2. は を み が
Am G C
き ま しょう しゅっ しゅっ しゅっ ぶ ら し の た い そ う
き ま しょう しゅっ しゅっ しゅっ こ ろ こ ろ う が い も
Am C7 Am C F C F♯7♭5 G C
おいちに おいちに じょうぶな はになれ しゅっ しゅっ しゅっ
ほらね ほらね まっしろい はになれ しゅっ しゅっ しゅっ

6月4日は「虫歯予防デー」。歯みがきの大切さを伝えながら歌いましょう。

かたつむり

●文部省唱歌　●編曲／矢田部 宏

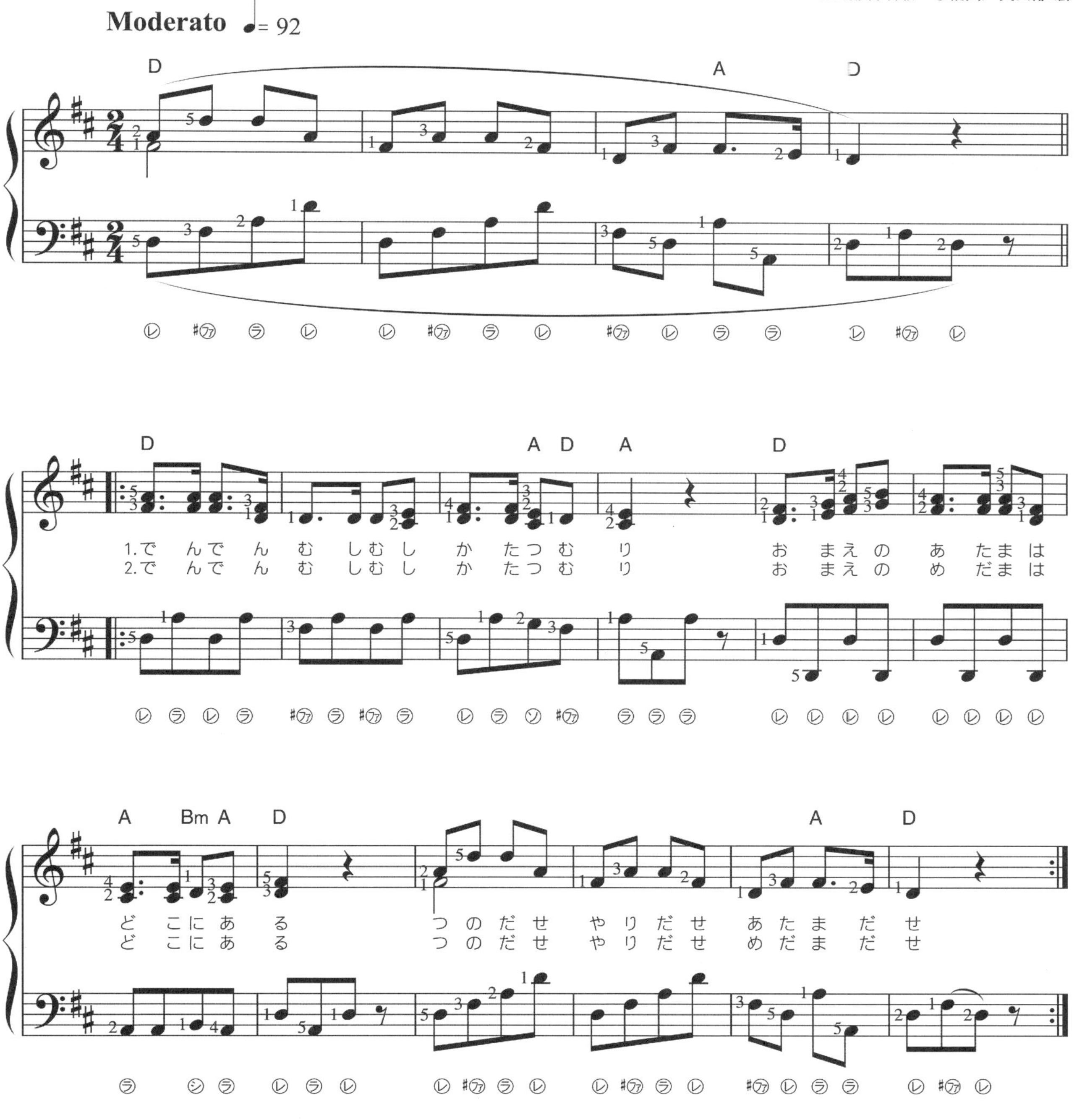

「でんでんむし」の頭や目がどこにあるのか、みんなで考えてみましょう。

アイスクリーム

●作詞／田中ナナ　●作曲／岩河三郎　●編曲／矢田部 宏

♩=92
F C G C
C C Em
アイ スクリー ム アイ スクリー ム
F C F C G Am F♯7♭5 G C
どこから どこから なめよかな とけちゃう
D♯° Em Dm G C
よ でも どこから なめよかな

「アイスクリームを、どこからなめようかな」という動作をしながら歌い、楽しみましょう。

みずあそび

●作詞／東　くめ　●作曲／滝 廉太郎　●編曲／矢田部 宏

♩=120
G Em D G G
みずを
Em D G D G Em
たくさん くんできて みずでっぽうで
Am A7 D G Em D G
あそびましょう いちにいさんし シュッ シュッ シュッ

園庭やプールなどで歌いながら、水遊びをしてもよいですね。

きらきらぼし

●作詞／武鹿悦子　●フランス民謡　●編曲／矢田部 宏

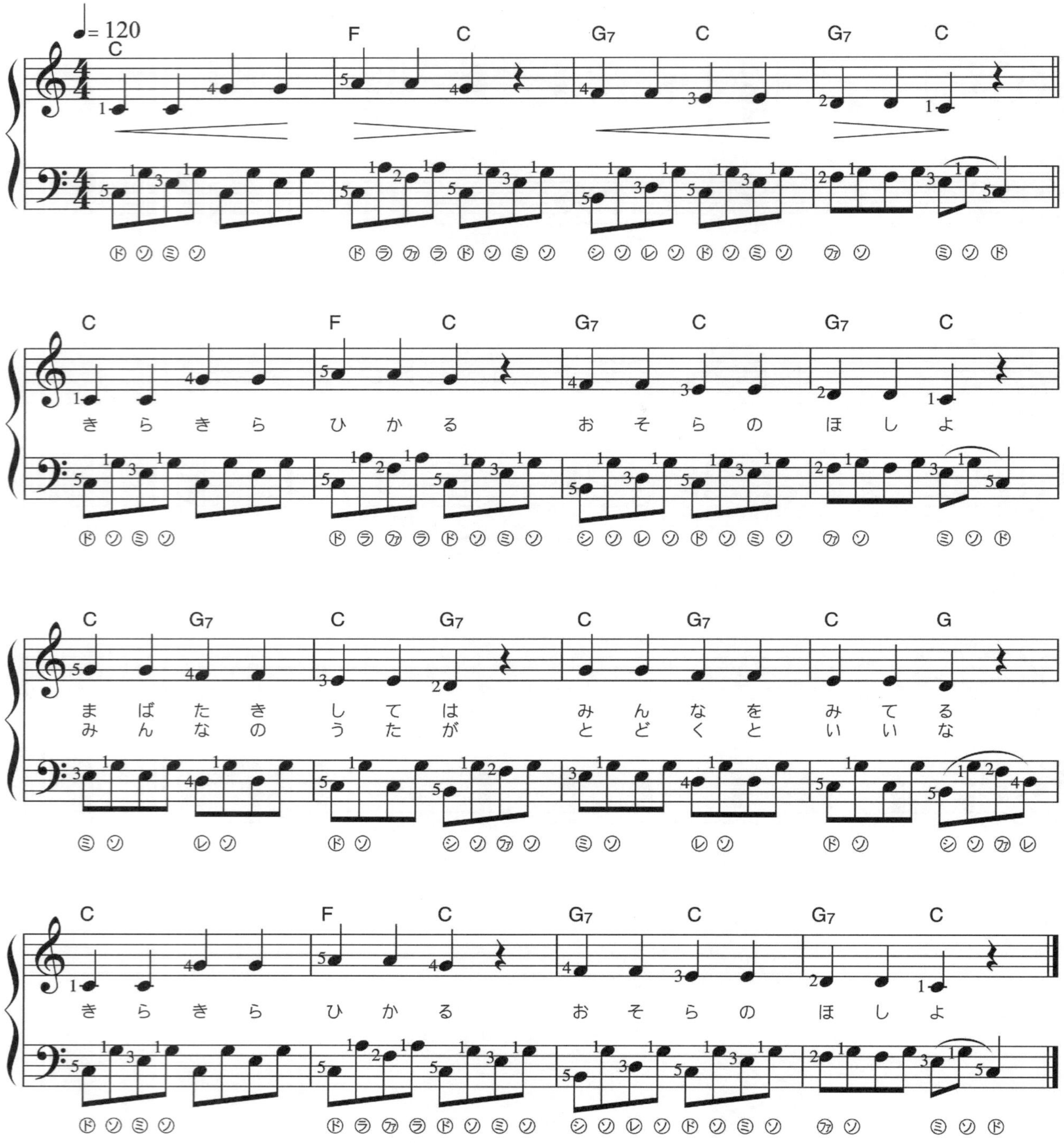

夏の夜空を思い浮かべながら歌いましょう。

トマト

●作詞／荘司 武 ●作曲／大中 恩 ●編曲／矢田部 宏

♩= 78
F Gm
mp p
ト マ トっ て
ト マ トっ て
Gm Am Dm
mp
か わ い い な ま え だ ね う え か ら よん で も ト マ ト
な か な か お しゃ れ だ ね ち い さ い とき に は あ お い ふ く
Dm Gm
し た か ら よん で も ト マ ト
お お き く なっ た ら あ か い ふ く

前奏の２小節は、左だけで弾いても聴き映えがします。

カミナリ ドン！ドン！

●作詞／福尾野歩　●作曲／才谷梅太郎　●編曲／矢田部 宏

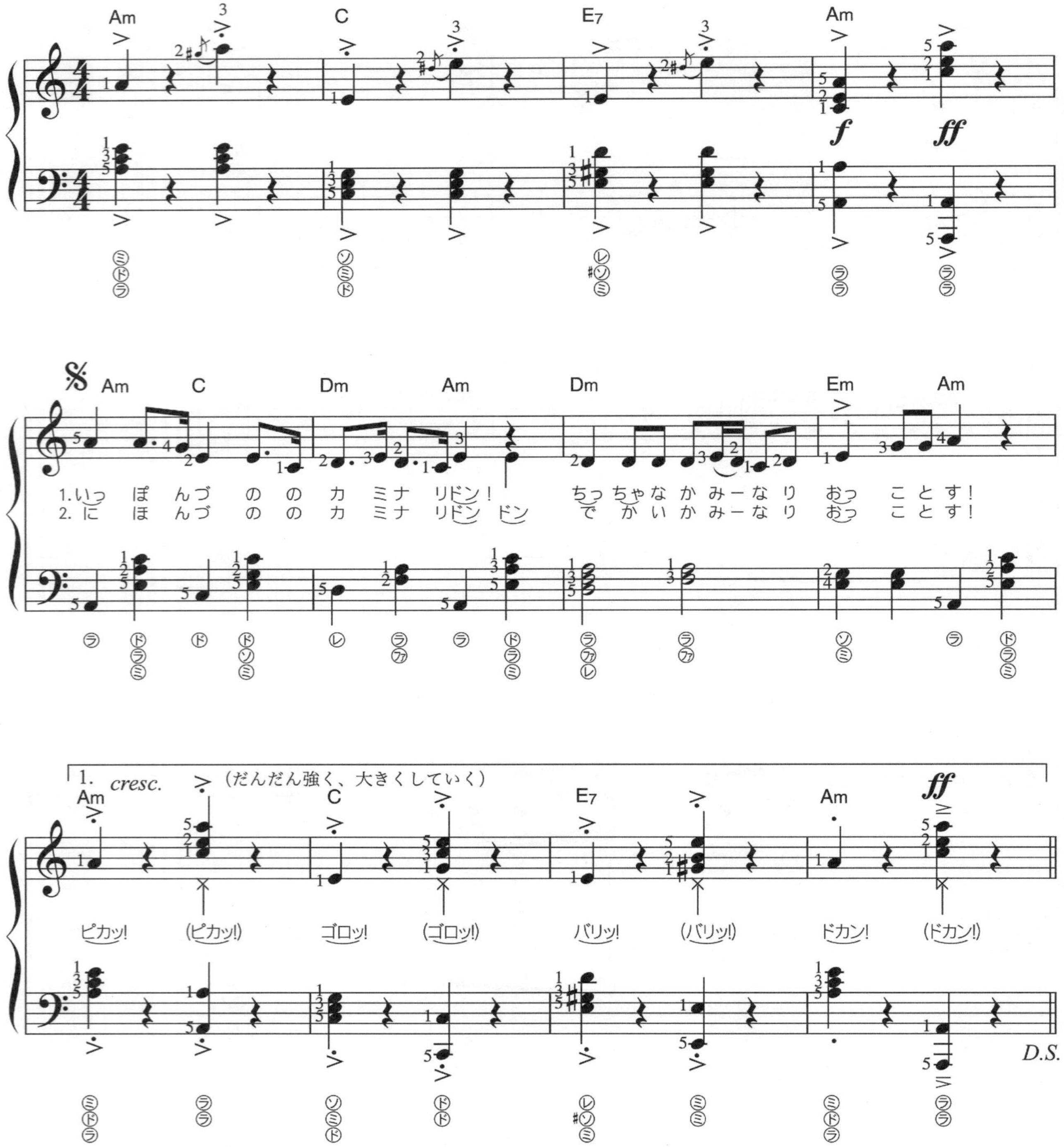
Am C E7 Am
Am C Dm Am Dm Em Am
1.いっ ぽ んづ の の カ ミナ リドン！ ちっちゃな か みーな り おっ こと す！
2.に ほ んづ の の カ ミナ リドン ドン で かい か みーな り おっ こと す！
1. cresc. (だんだん強く、大きくしていく)
Am C E7 Am
ff
ピカッ! (ピカッ!) ゴロッ! (ゴロッ!) バリッ! (バリッ!) ドカン! (ドカン!)
D.S.

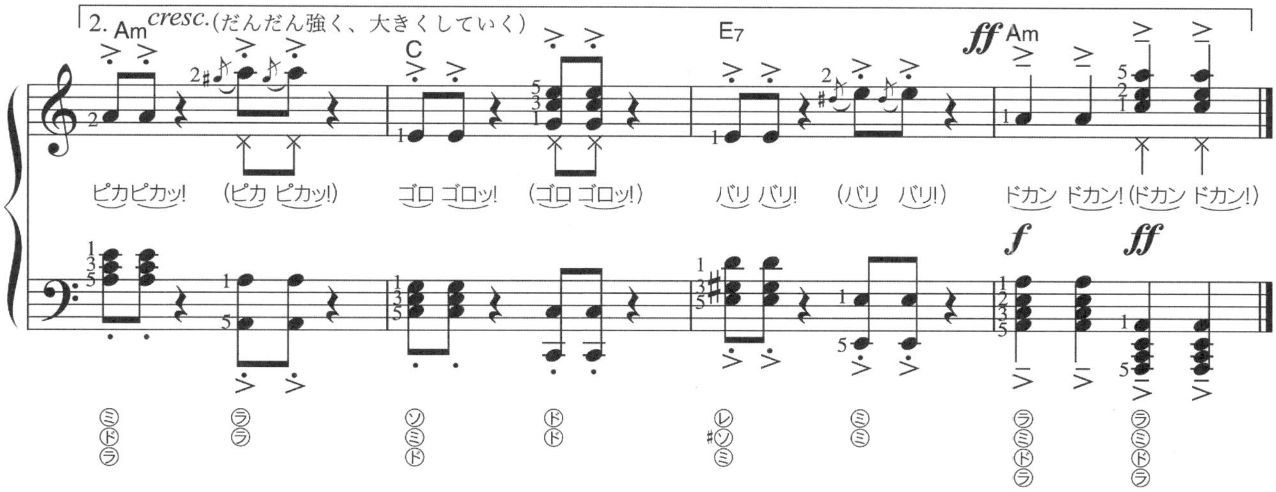

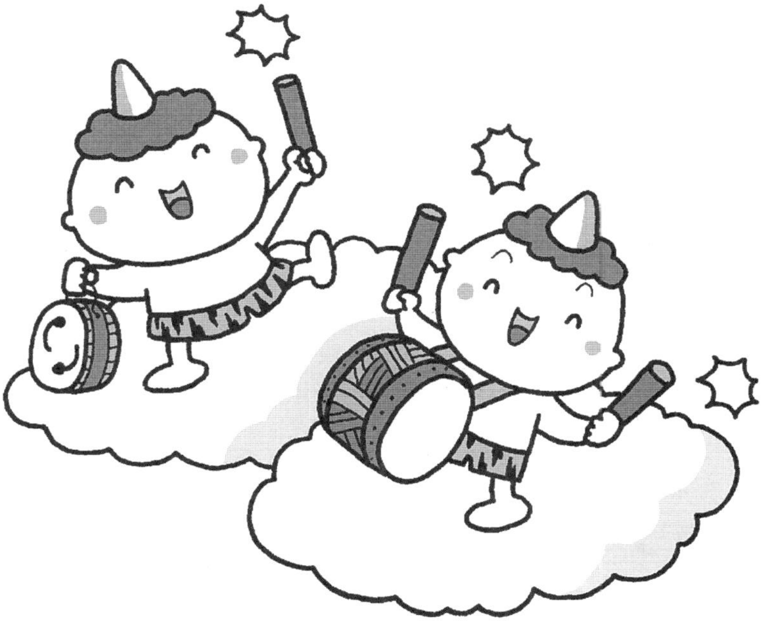

「ピカッ！」や「バリッ！」など、擬音が楽しい歌です。かけ合いをしながら、ポーズなども入れて、元気よく歌いましょう。

アイアイ

●作詞／相田裕美　●作曲／宇野誠一郎　●編曲／矢田部 宏

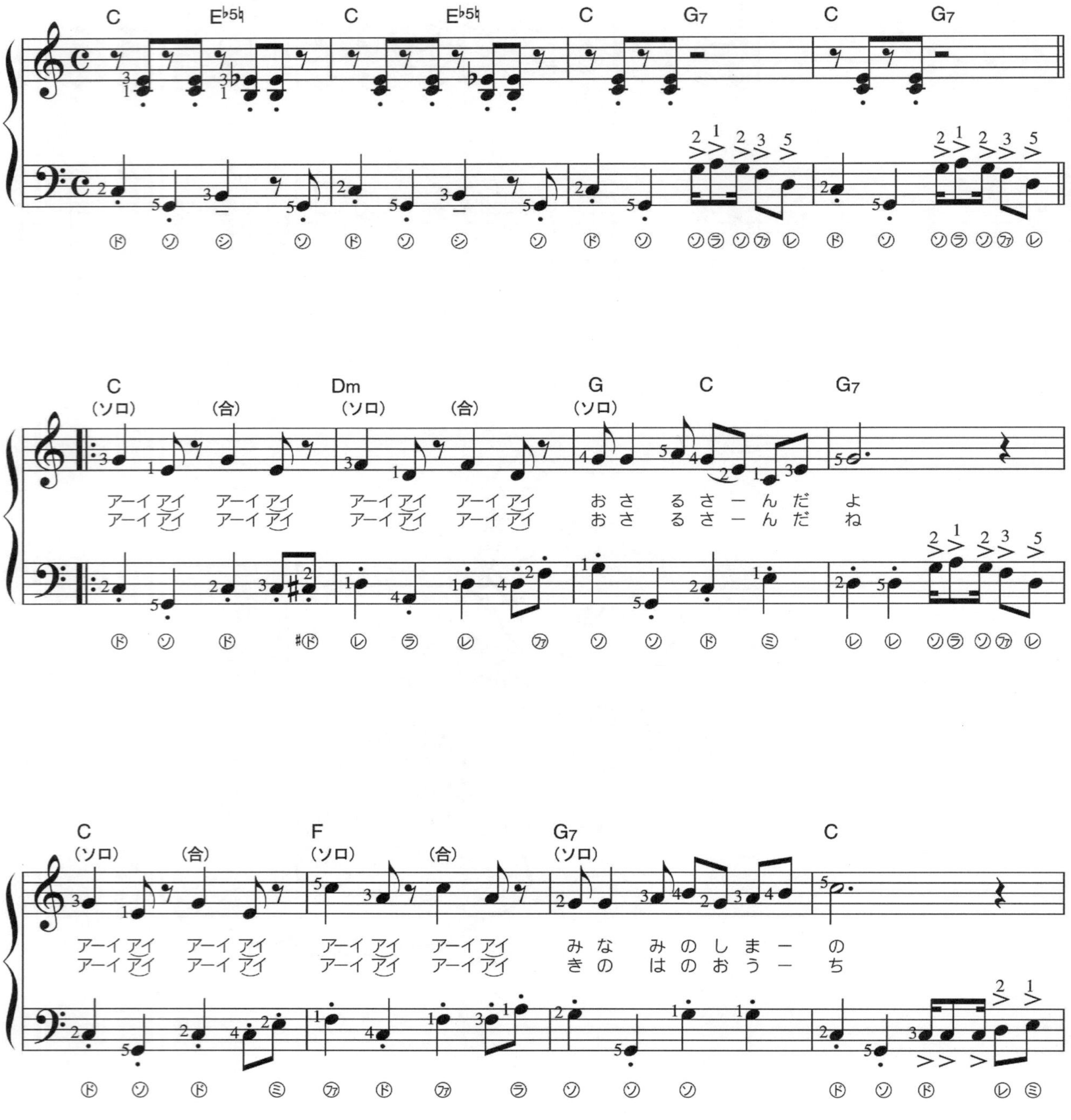
C E♭5♮ C E♭5♮ C G7 C G7
C Dm G C G7
(ソロ) (合) (ソロ) (合) (ソロ)
アーイアイ アーイアイ アーイアイ アーイアイ おさるさーんだよ
アーイアイ アーイアイ アーイアイ アーイアイ おさるさーんだね
C F G7 C
(ソロ) (合) (ソロ) (合) (ソロ)
アーイアイ アーイアイ アーイアイ アーイアイ みなみのしまーの
アーイアイ アーイアイ アーイアイ アーイアイ きのはのおうーち

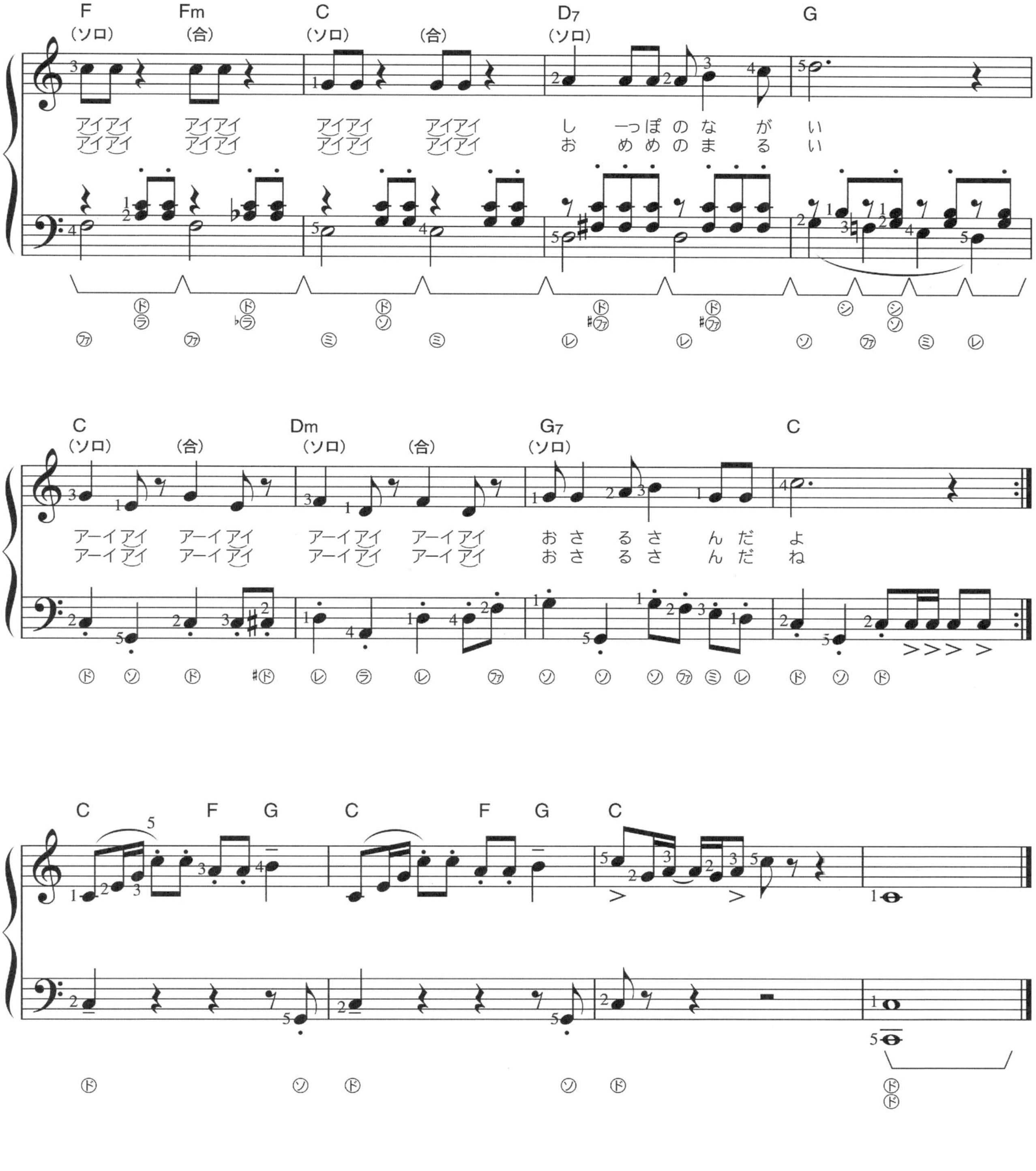
F Fm C D7 G
(ソロ) (合) (ソロ) (合) (ソロ)
アイアイ アイアイ アイアイ アイアイ し っぽ の な が い
アイアイ アイアイ アイアイ アイアイ お めめ の ま る い
C Dm G7 C
(ソロ) (合) (ソロ) (合) (ソロ)
アーイアイ アーイアイ アーイアイ アーイアイ お さ る さ ん だ よ
アーイアイ アーイアイ アーイアイ アーイアイ お さ る さ ん だ ね
C F G C F G C

「アイアイ」は、マダガスカル島に住む、リスに似た小さいサルです。軽快なリズムに乗って、楽しく歌いましょう。

ぽんぽこ たぬき

●作詞／天野　蝶　●作曲／一宮道子　●編曲／矢田部 宏

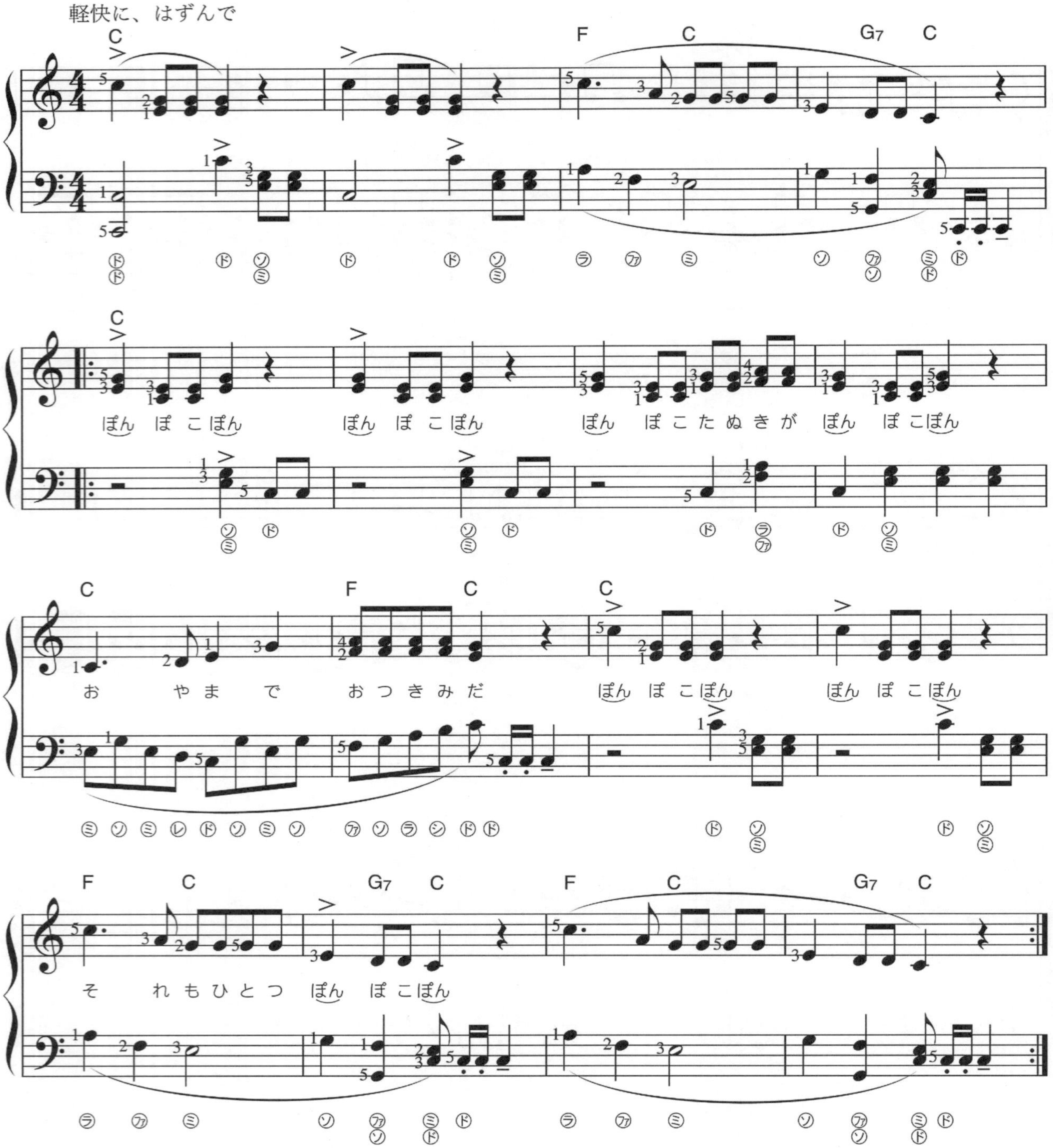
軽快に、はずんで
ぽん ぽ こぽん ぽん ぽ こぽん ぽん ぽこたぬきが ぽん ぽこぽん
お やま で おつきみだ ぽん ぽ こぽん ぽん ぽ こぽん
そ れもひとつ ぽん ぽこぽん

「ぽん ぽこ ぽん」は、動作を入れておもしろく表現しましょう。

とんぼの めがね

●作詞／額賀誠志　●作曲／平井康三郎　●編曲／矢田部 宏

軽快に ♩=104
C F G C C G
1. とんぼの めがねは
2. とんぼの めがねは
3. とんぼの めがねは
C F C Am F C
みずいろ めがね あーおい おそらを とんだか
ぴかぴか めがね おてんと さーまを みてたか
あかいろ めがね ゆうやけ ぐーもを とんだか
G C F G C
ら とんだから ー
ら みてたから ー
ら とんだから ー

右手の最後の音の前についている小さな音符は、「短前打音」といいます。「とんぼのめがね」が光ったように、短く弾きましょう。

うさぎ

●わらべうた ●補作詞／雪江 隆 ●編曲／矢田部 宏

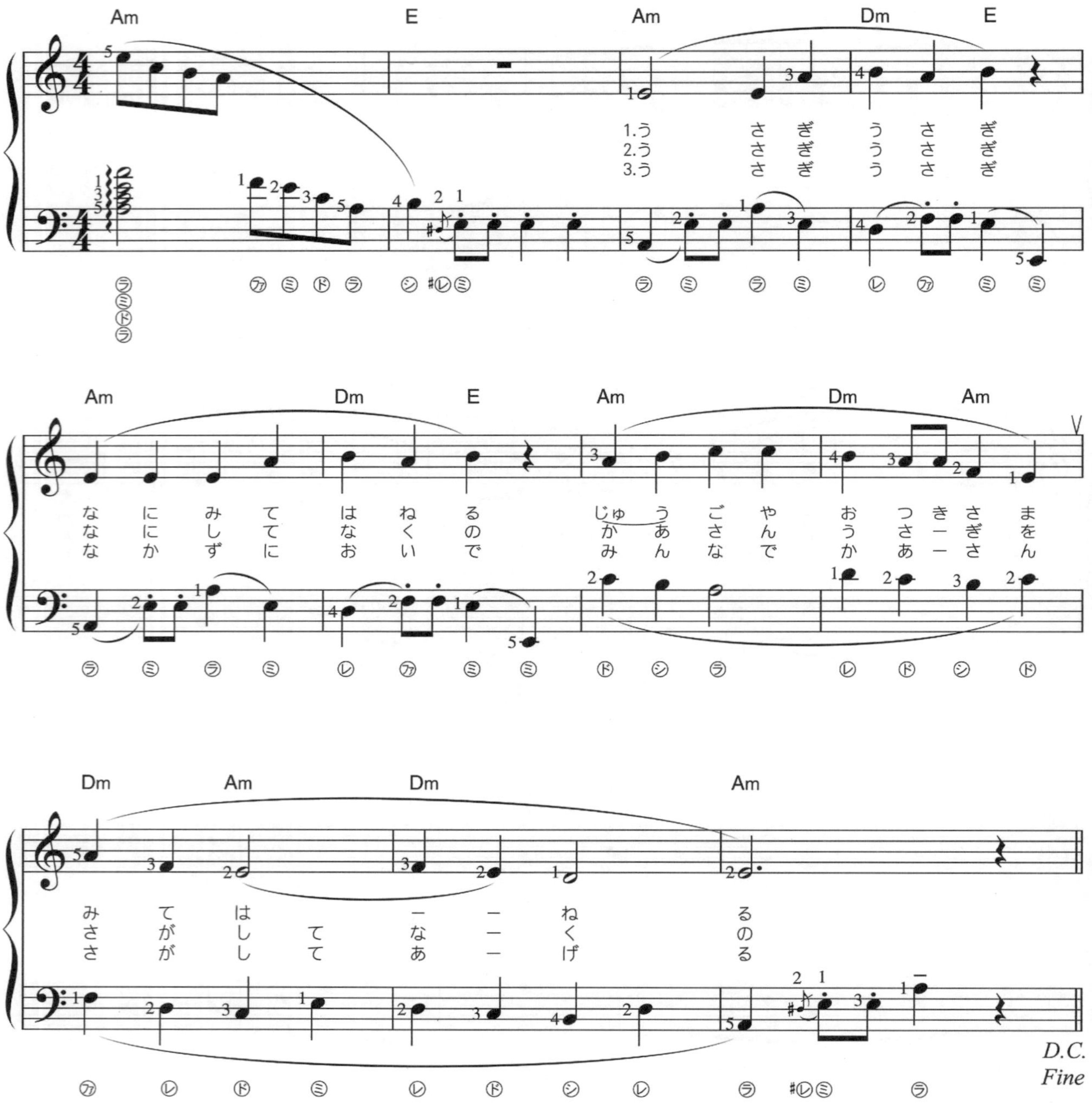
Am E Am Dm E
1.う さ ぎ う さ ぎ
2.う さ ぎ う さ ぎ
3.う さ ぎ う さ ぎ
Am Dm E Am Dm Am
な に み て は ね る じゅ う ご や お つ き さ ま
な に し て な く の か あ さ ん う さ ー ぎ を
な か ず に お い で み ん な で か あ ー さ ん
Dm Am Dm Am
み て は ー ー ね る
さ が し て な ー く の
さ が し て あ ー げ る
D.C.
Fine

前奏の１小節目は琴のようになめらかに、２小節目はうさぎの跳ねるようすをスタッカートで表現しましょう。

どんぐりころころ

●作詞／青木存義　●作曲／梁田　貞　●編曲／矢田部 宏

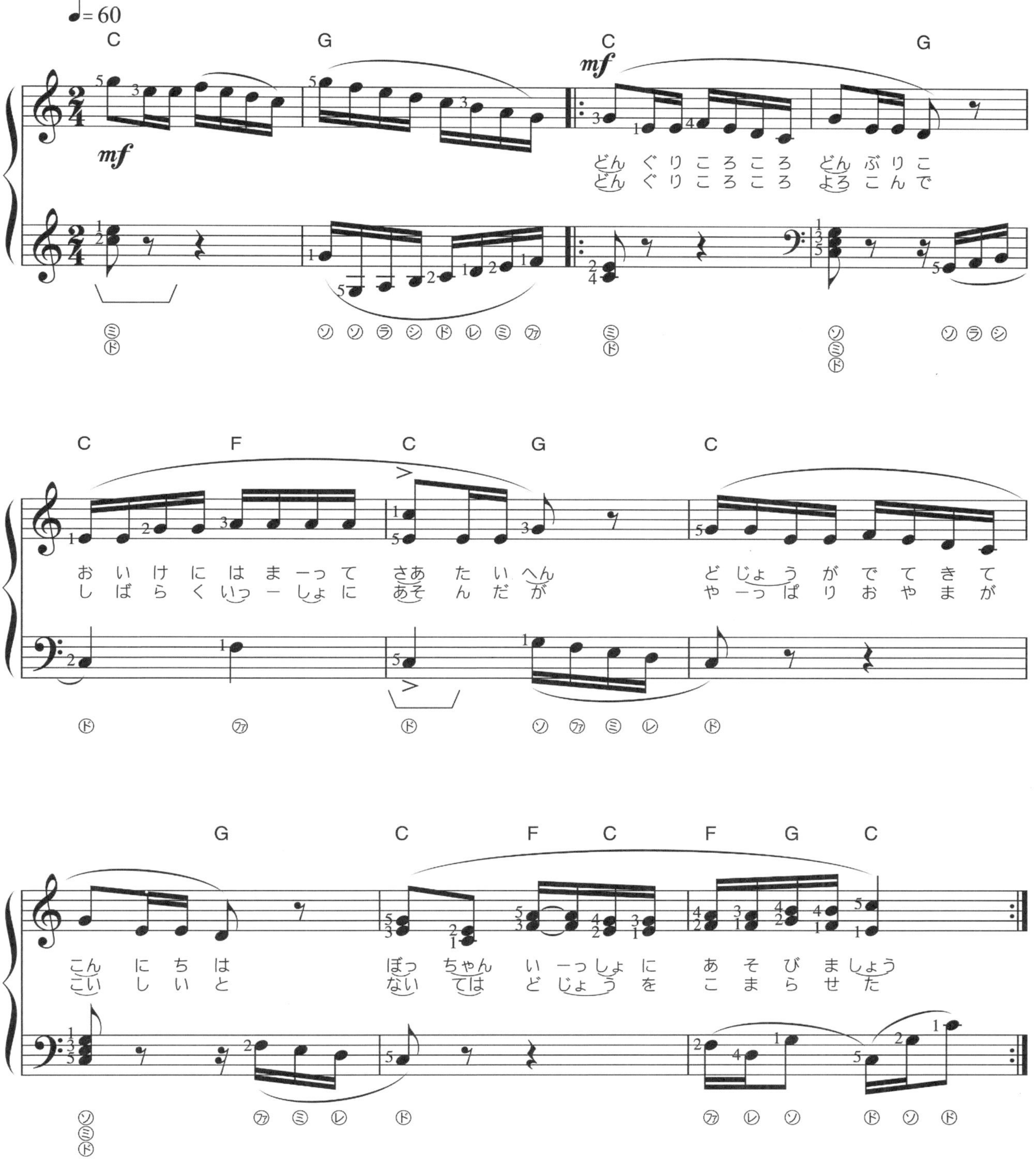
♩= 60
C G C G
mf
どんぐりころころ どんぶりこ
どんぐりころころ よろこんで
C F C G C
おいけにはまーって さあたいへん どじょうがでてきて
しばらくいっーしょに あそんだが やーっぱりおやまが
G C F C F G C
こんにちは ぼっちゃんいーっしょに あそびましょう
こいしいと ないてはどじょうを こまらせた

どんぐりの実を探しに行って教室に飾っておきましょう。

でぶいもちゃん ちびいもちゃん

●作詞／まど・みちお ●作曲／湯山 昭 ●編曲／矢田部 宏

F
Gm
C
F6
F
Gm
1.で ぶい も ちゃん つ ちー の な かで
2.ち びい も ちゃん つ ちー の な かで
G
G5♭
C7
F
な にし て た の も ぐ ら と
な にし て た の み み ず と

1.
2.
F7 Gm C7 F F
おすもうなんかしてたのかい かい
けーんかなんかしてたの
B♭ F B♭ F
(やわらかく)

まつぼっくり

●作詞／広田孝夫　●作曲／小林つや江　●編曲／矢田部 宏

おはなしするように ♩= 84
F C7 F F
まつぼっ
F C7 F
くりがあったとさ たかいおやまに
C7 F B♭ F C
あったとさ ころころ ころころ あったとさ
F F C7 F F C7 C
おさるがひろーってたべたとさ

「あったとさ」が続く、昔話を語っているような歌です。お話しをするように歌いましょう。

りんご

●作詞／まど・みちお　●作曲／磯部 俶　●編曲／矢田部 宏

「めをつぶって」「くっつけたく」「はんぶんわけ」は、言葉のリズムが違います。言葉の発音を、はっきりさせて歌いましょう。

きくの はな

●作詞／まど・みちお　●作曲／磯部 俶　●編曲／矢田部 宏

おちついた気分で
G6
Cm6
G
G
mp
1.きくのはな
2.きくのはな
C
D
Em
C6
D7
Em
1.
2.
D7
G
きくのはな　おじいさんと みてると いいにおい もずがなく
きくのはな　おじいさんと みてると

優しい気持ちで歌いましょう。「ミ♭」の音が秋を感じさせます。

きたかぜの チャチャチャ

●作詞／ともろぎ ゆきお　●作曲／峯　陽　●編曲／矢田部 宏

F C F F
きたかぜ
C F C C
チャ チャ チャ ふいても チャ チャ チャ ぼくらは チャ チャ チャ
F C F
げんきだ チャ チャ チャ いじわる なんか しないよ
F C F C7 F
チャ チャ チャ みんなで なかよく げんきに チャ チャ チャ

この曲には、秋風をテーマにした歌詞もあります。「秋風チャチャチャ 吹いたよチャチャチャ ドングリチャチャチャ おち葉がチャチャチャ 大きくなろう 毎日チャチャチャ みんなでなかよく 元気にチャチャチャ」。季節にあわせて歌いましょう。（春風・夏風はP.107参照）

ジングル・ベル

●作詞／宮沢章二　●作曲／ピアポント　●編曲／矢田部 宏

前奏の右手は鈴の音のようなイメージ。左手の主旋律を、はっきり出しましょう。「ジングルベル〜」の部分は、鈴を鳴らすとより雰囲気が出ます。

サンタッタ

●作詞・作曲／増田裕子　●編曲／矢田部 宏

打楽器も使って、にぎやかに踊りながら歌いましょう。

クリスマスの かね

●作詞・作曲／新沢としひこ　●編曲／矢田部 宏

F Dm Gm C7 F Dm Gm C7
ク リ ス マ ス の か ね が な る
F Dm Gm C7 F Dm Gm C7 F Dm
キーン コーン カーン コーン ク リ ス マ ス が や ーって き た キーン コーン
Gm C7 F Dm Gm C7 C B♭ F C Gm F
カーン コーン メー リ クリス マス メ リ クリスマス

前奏は「キーン コーン カーン コーン」の気分で弾きます。鐘をたたいてもよいでしょう。「F・Dm・Gm・C7」のコードは、鐘がずっと鳴り続けているイメージを与えています。

もちつき

●作詞／天野　蝶　●作曲／一宮道子　●編曲／矢田部 宏

リズミカルに
ぺったんこ それ ぺったんこ
おもちを つきましょう ぺったんこ
ぺったんこ それ ぺったんこ
ぺったん ぺったん ぺったんこ

「ぺったんこ」のところには、動作をつけて歌うとおもしろいでしょう。

たこの うた

●文部省唱歌　●編曲／矢田部 宏

凧をみんなで作ったり、実際に空に揚げてみたりして、歌の世界観を楽しみましょう。

やぎさんゆうびん

●作詞／まど・みちお　●作曲／團 伊久磨　●編曲／矢田部 宏

「しろやぎさん」と「くろやぎさん」のグループに分かれて、やりとりをするように歌いましょう。

まめまき

●えほん唱歌　●編曲／矢田部 宏

おにはそと
おにはそと
ふくはうち　ぱらっ ぱらっ ぱらっ ぱらっ　まめのお
ふくはうち　ぱらっ ぱらっ ぱらっ ぱらっ　まめのお
と　おにはこっそりにげていく
と　はやくおはいりふくのかみ

前奏は「ぱらっぱらっ」と豆の当たる音をイメージして弾きましょう。豆をまいたり、鬼が逃げて行ったりするなどの動作を加えるとおもしろいでしょう。

はる はる きたら

●作詞・作曲／南　夢未　●編曲／矢田部 宏

F G C C F G
mf
さむ いふゆです
C F G F Dm C F C
p
mf
(エコー)
(さむ いふゆです) こんなときは
(エコー)
(こん なときは) くっついてくっついて
C F C G C F
くっついてくっついて あなのなかで ねむります はるはるきたら
C Dm G7 C
そよそよかぜと とこと ことととと はしります

1小節めの左手のスタッカートとレガートははっきり区別しましょう。くっついたり、走ったりと動きも加えながら歌いましょう。

はるよ こい

●作詞／相馬御風　●作曲／弘田龍太郎　●編曲／矢田部 宏

1. はるよ
2. はるよ
こい はやく こい あーるき はじめた
こい はやく こい おうちの まーえの
みいちゃんが あーかい はなおの ジョジョはい
もものきの つぼみも みーんな ふくらん
て おんもへ でたいと まっている
で はよさき たーいと まっている

「ジョジョ」とは、わらで編んだぞうりのことです。早春の風景を思い浮かべながら歌いましょう。

ポンポンポンと はるがきた

●作詞／梢　光 ●作曲／迫 新一郎 ●編曲／矢田部 宏

手拍子や打楽器を加えて、楽しく表現しましょう。

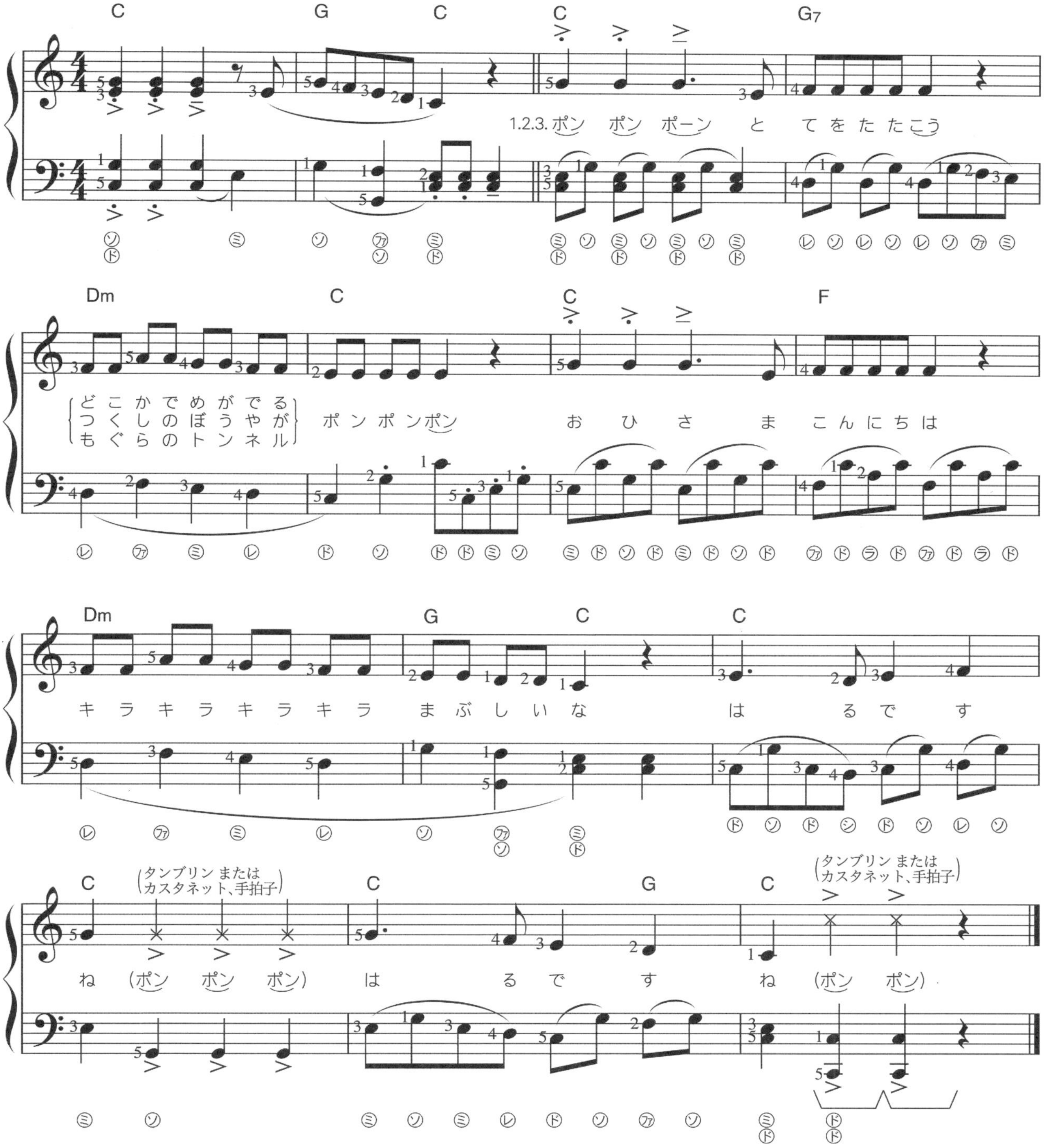

みんな ともだち

●作詞・作曲／中川ひろたか　●編曲／矢田部 宏

♫=♩♪ **Swing** 体をゆすりながら、肩を組んで歌ってください

A
D
みんな
G
A♭o
E♯o
F♯m
B7
ともだちー　ずーっとずっと　ともだちー　がっこう
ともだちー　ずーっとずっと　ともだちー　おとなに
Em
A
1.
D
いってもー　ずーっとともだ　ち　Yeah ー　ー みんな
なってもー　ずーっとともだ

2.
A9
D
DM7
ち
みんないっしょにー
みんないっしょにー
レ ♯ファ ソ ♯ソ ラ シ ♯ド レ ラ レ ラ レ ♯ド ラ ♯ファ レ ♯ファ
D
B7
Em
Em7♯
うたをうたーった
プールであそんだ
みんないっしょにー
みんないっしょにー
レ ラ レ ラ ♯レ ラ ♯ファ ♯レ シ ♯レ ミ シ ミ シ ミ ♯レ シ ソ ミ ソ
A
D
DM7
えをかいた
ロボーットをつくーった
みんないっしょにー
みんないっしょにー
♯ド ラ ♯ド ラ ♯ド ラ シ ♯ド レ ラ レ ラ レ ♯ド ラ ♯ファ レ ♯ファ
D
B7
Em
Em7♯
おさんぽをした
かけーっこをした
みんないっしょにー
レ ラ レ ラ ♯レ シ ♯ファ ♯レ シ ♯レ ミ シ ミ シ ミ ♯レ シ ソ ミ ソ

A D G A♭o E♯o
おお き く な ーっ た み ん な と も だ ち ー ずーっ とずっ と
♯ド ラ ♯ド ラ ♯ド レ ミ ♯ファ ソ ♯ファ ソ ♭ラ ♯ミ
F♯m B7 Em A
と も だ ち ー がっ こ う いっ て も ー ずーっ と と も だ
♯ファ ♯ミ ♯ファ シ ♯レ ミ ソ ♯ファ ソ ラ
D G A♭o E♯o
ち Yeah ー ー み ん な と も だ ち ー ずーっ とずっ と
レ レ ミ ♯ファ ソ ♯ファ ソ ♭ラ ♯ミ
F♯m B7 Em A
to ⊕1,2
と も だ ち ー お と な に なっ て も ー ずーっ と と も だ
♯ファ ♯ミ ♯ファ シ ♯レ ミ ソ ♯ファ ソ ラ

「ずっと」「がっこう」「いっしょに」など、促音がたくさん出てきます。促音は無声音です。しぜんに発音しましょう。

なかよく してね

●作詞・作曲／新沢としひこ　●編曲／矢田部 宏

C F C Dm G C C F C
1. やさしく
2. げんきに
3. すばやく
4. ゆーっくり
あくしゅを
G
ギュッ ギュッ ギュッ
C F C
やさしく やさしく
げんきに げんきに
すばやく すばやく
ゆーっくり ゆーっくり
ギュッ ギュッ ギュッ
C F C G C G C F C
おじぎをしながら ギュッ ギュッ ギュッ
なかよくしてねと ギュッ ギュッ ギュッ

「やさしく」「げんきに」「すばやく」「ゆっくり」と、あくしゅのしかたを変えて楽しみましょう。

チューリップ

●作詞／近藤宮子　●作曲／井上武士　●編曲／矢田部 宏

Moderato ♩= 92
F C7 Dm C F
F C7 Dm C F
さ い た　さ い た　チューリップ の　は な が　な らん だ　な らん だ
F C7 Dm C F G#o F C7 F
あ か し ろ　き い ろ　ど の は な　み て も　き れ い だ　な

「チューリップ」は、ユリ科の多年草。春には白、黄、赤、紫などの大きな釣り鐘形の花が咲きます。

あくしゅで こんにちは

●作詞／まど・みちお　●作曲／渡辺　茂　●編曲／矢田部 宏

歩く速さで
C F G7 C C
1.て く て く
2.も にゃ も にゃ
C G
て く て く あ る い て き て あ く しゅ ― で
も にゃ も にゃ お は な し し て あ く しゅ ― で
G C G7 C C
こ ん に ち は ご き げ ん い か が ―
さ よ う な ら ま た ま た あ し た ―

「あくしゅで こんにちは」のところは、ふたりひと組になってあくしゅをしましょう。

せんせいと おともだち

●作詞／吉岡　治　●作曲／越部信義　●編曲／矢田部 宏

明るく、元気よく ♩= 126
mf
C Dm G7 C
せん せ い と
G7 G C
お と も だ ち
せん せ い と
お と も だ ち
C C7 F G G7 C
あ く しゅ を し よ う ギュ ギュ ギュ
あ い さ つ し よ う お は よう
に ら めっ こ し よ う メッ メッ メッ

🌷 最後の「ギュ ギュ ギュ」は、力強く弾き、しっかりとあくしゅやあいさつをしましょう。

めだかの がっこう

●作詞／茶木 滋 ●作曲／中田喜直 ●編曲／矢田部 宏

♩= 108ぐらい
mp（2、3番は mf）
1.め だ か の がっ こ う は か わ の な か
2.め だ か の がっ こ う の め だ か た ち
3.め だ か の がっ こ う は う れ し そ う
そ ーっ と の ぞ い て み て ご ら ん そ ーっ と の ぞ い て
だ れ が せ い と か せ ん せ い か だ れ が せ い と か
み ず に な が れ て つ ー ー い つい み ず に な が れ て
み て ご ら ん みん な で お ゆ う ぎ し て い る よ
せ ん せ い か みん な で げ ん き に あ そ ん で る
つ ー ー い つい みん な で そ ろーって つ ー ー いつい
rit.

9・10小節の「そーっと のぞいて…」は、それまでよりも小さな音で、こっそりとのぞいている感じを出しましょう。

こいのぼり

●えほん唱歌　●編曲／矢田部 宏

こいのぼりの歌の定番です。園で飾ったこいのぼりに向かって元気よく歌いましょう。

いちご

●作詞／飯島敏子　●作曲／樋口昌道　●編曲／矢田部 宏

冬が終わって暖かくなると、かわいいイチゴが旬を迎えます。春になったうれしさを表現しましょう。

かえるの みどりちゃん

●作詞・作曲／増田裕子　●編曲／矢田部 宏

C B♭ C B♭ C B♭ C B♭ mf
て ん き の い い ひ は ー ご き げん ケ ロ ケ ロ ー さ
め の ふ る ひ ー に は ー ご き げん ケ ロ ケ ロ ー う
C B♭ C B♭ C B♭ C
ん ぽ に で も い こ う ー ご き げん ケ ロ ケ ロ ー
た で も う た い ま しょ ー ご き げん ケ ロ ケ ロ ー
F G F G
み ど り の お か を こ え て ー み ど り の く さ を こ え て ー
み ど り の お か の う え で ー み ど り の く さ の う え で ー
F Dm7 C G
み ど り の い け を ス イ ス イ お よ ぐ の よ ああ じ ん せ い
み ど り の う た を ル ン ル ン う た う の よ ああ じ ん せ い

リズムに合わせて体を動かしながら、楽しく歌いましょう。

あめふり くまのこ

●作詞／鶴見正夫 ●作曲／湯山 昭 ●編曲／矢田部 宏

やさしく、はなしかけるように
D F♯m G D A7
mp
dolce
D Em7 A D
𝄋 D F♯m
mp
おやまにあーめが
いたずらくまのこ
なんにもいないかと
それでもどこかにい
(5番のみゆっくり) なかなかやまない
G A7 D6
ふりましたあとからあとからふーってき
かけてきてそうーっとのぞいてみてまし
くまのこはでおみずをひとくちのみまし
いるようでしもいちどのぞいてみてまし
あめでしたかさでもかぶーっていいましょう

D6 D Em D A7 D
mf
to
てちょろちょろおがわができました
たさかながいるかとみてました
たおててですくーってのみました
たさかなをまちまちみてました
とあたまにはっぱをのせました
A7 D6 A7
D6 Em7 A7 D
D.S.
G D

とけいの うた

●作詞／筒井敬介 ●作曲／村上太朗 ●編曲／矢田部 宏

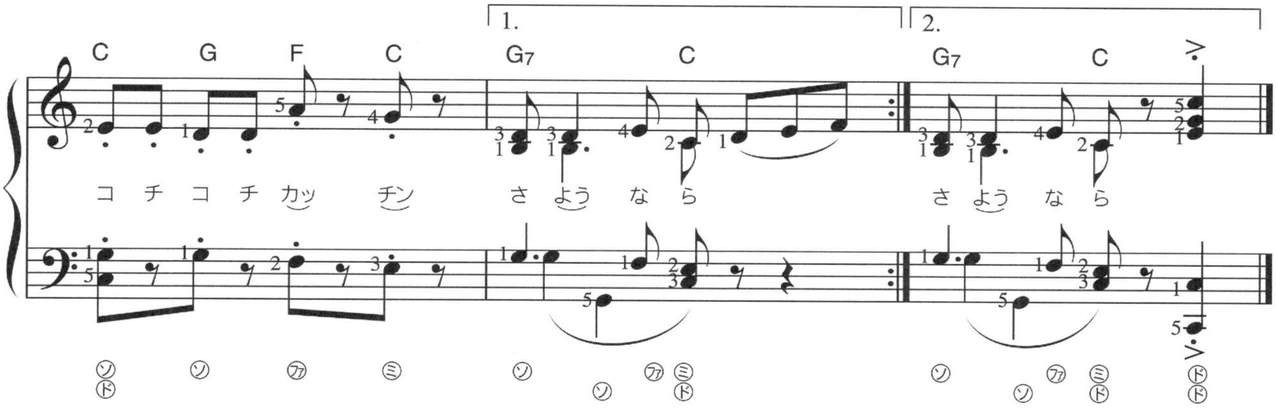

6月10日は時の記念日。その由来などもあわせてお話ししながら歌いましょう。

しゃぼんだま

●作詞／野口雨情　●作曲／中山晋平　●編曲／矢田部 宏

愉快に ♩= 72
D G A D
D G D A
G D A7 D G D
A7 D D A7 D
しゃぼんだま とんだ やねまで とんだ やねまで とんで こわれて きえた
しゃぼんだま きえた とばずに きえた うまれて すぐに こわれて きえた
かぜかぜ ふくな しゃぼんだま とばそ

「しゃぼんだま」で遊んだ後に、イメージをふくらませて歌いましょう。

たなばたさま

●作詞／権藤花代・林　柳波　●作曲／下総皖一　●編曲／矢田部 宏

F F
1. さ さ の は
2. ご し き の
F F G7 C
さ ら さ ら の き ば に ゆ れ る
た ん ざ く わ た し が か い た
F F7 B♭ G♯o F B♭ F
お ほ し さ ま き ら き ら き ん ぎ ん
お ほ し さ ま き ら き ら そ ら か ら
Gm C F F
す な ご
み て る

笹の葉に自分の願いを書いた短冊を飾り付け、それを囲んで歌いましょう。

おつきさまの メルヘン（こうべ童謡創作コンクール 優秀賞）

●作詞／鳥居 翠 ●作曲／矢田部 宏

おしゃれな感じで、お話するように ♫=♩♪ Swing
1.むかし むかーし おつきさまはー バナナばやしに すんでいた よごとよーっぴて
2.あるひ あるとき おつきさまはー レモンばたけを ながめてた どこもかしこも
3.のこえ やまこえ おつきさまはー メロンもとめて たびをした きょうもあしたも

Am A7 Dm D G C A
バ ナ ナ バ ナ ナ バ ナ ナ バ ナ ナ に う も れ て バ ナ ナ を た べ て
レ モ ン レ モ ン レ モ ン レ モ ン に み と れ て レ モ ン に よっ て
メ ロ ン メ ロ ン メ ロ ン メ ロ ン に こ い し て メ ロ ン を おっ て
Dm D♯o C G7 C C B
と う と う バ ナ ナ に なっ ちゃっ た ア ハ ハ こ ん や ー は
と う と う レ モ ン に なっ ちゃっ た ア ハ ハ こ ん や ー は
と う と う メ ロ ン に なっ ちゃっ た ア ハ ハ こ ん や ー は
Em E♭sus4 E♭4♯ G C
バ ナ ナ づ き ー よ
レ モ ン づ き ー よ
メ ロ ン づ き ー よ
G D G C Dm A Dm G7 C

「よごとよっぴて…」のところをクライマックス（頂点）にしてください。「バナナ」「レモン」「メロン」は、黄色のお月さまの色ですね。

とんぼが とぶよ

●作詞／新谷彰久　●作曲／矢田部 宏

のびのびと ♩= 104
F C F Gm Gm7
mf
a tempo
p
cresc.
rit.
1.あ お い そ らを と んぼ と んぼ
2.た か い そ らを と んぼ と んぼ
Em7♭5 F Gm C
f
と んぼ がと ぶ よ は ねを ひか ら せ て
と んぼ がと ぶ よ か ぜに のーっ か ーっ て
F Dm Gm C7 F Gm C
と んぼ と んぼ と ん ぼ はらーっぱーのむ こう ま で
と んぼ と んぼ と ん ぼ しろいくものむ こう ま で

秋を探しに飛んでいるとんぼをイメージしながら歌いましょう。

バナナの おやこ

●作詞／関　和男　●作曲／福田和禾子　●編曲／矢田部 宏

C F G C F Em 1.Dm C
バナナのこどもは コバナナ パパバナナ ママバナナ コバナナ
2. Dm C C7 F C A D
コバナナ そんなバナナ ニコニコバナナ きいろいバナナの
G C G C C
おやこがホラネ かぜにゆられて ユラユラ バナナのおやこが
G C F Em Dm C G7 CM7
ユラユラ パパバナナ ママバナナ コバナナ

早口言葉になるところは、だんだん早くして楽しみましょう。

せみ

●作詞／戸倉ハル　●作曲／渡辺浦人　●編曲／矢田部 宏

明るく、はずんで ♩=100
せ み が な い て る
みん みん みん み―――ん せ み が な い て る カナ カナ カナ カナ
せ み が な い て い る ジィ ジィ ジィ ジィ

「みんみん」「カナカナ」「ジィジィ」という３種類のセミの鳴き声が出てきます。それぞれ、どんな種類のセミなのか、名前を調べてみてもおもしろいですね。

つき

●文部省唱歌　●編曲／矢田部 宏

Moderato ♩=88
F B♭ F Gm C7 F F
mp
mp
1. で た で た
2. か く れ た
3. ま た で た
ファ ミ レ ♭シ ラ ファ ♭シ ド ファ ラ ファ
Dm C F F
mf
つ き が まーるい まーるい まんまる
く も に くーろい くーろい まーっくろ
つ き が まーるい まーるい まんまる
レ ド ファ ラ ♭シ ラ ファ ラ ♭シ ラ ファ ラ ♭シ ラ ファ
C F B♭ F Gm C7 F
い ぼーんの ような つ き が
い すーみの ような く も に
い ぼーんの ような つ き が
ド ド レ ミ ファ ミ レ ♭シ ラ ファ ♭シ ド ファ

秋のきれいな月を思い浮かべながら、ゆったりと歌いましょう。

むしの こえ

●文部省唱歌　●編曲／矢田部 宏

♩= 80
あ れ ま つ
む し が な い て い る
チン チ ロチン チ ロ チン チ ロリン
あ れ す ず む し も な き だ し た
リンリンリンリン リーン リン
あ き の よ な が を な き と お す
ああ お も

G Am F G C C F C
しろい むしのこえ キリキリ キリキリ
Fine
Am F G C F C F Gsus4 G C F
こおろぎや ガチャガチャガチャガチャ くつわむし あとから
C Am F G C F C F Gsus4 G
うまおい おいついて チョンチョンチョンチョン スイッチョン
D.S.

D.S.（ダル・セーニョ）は、𝄋（セーニョ）のところに戻る、という記号です。「チン チロ リン」や「リン リン」、「ガチャ ガチャ」のところは、楽器などを使って表現してもよいでしょう。

ひつじぐも

●作詞／武鹿悦子　●作曲／矢田部 宏

Andantino ♩=76
(子ども)
1. ひ つ じ ぐ も
2. ひ つ じ ぐ も
3. ひ つ じ ぐ も
4. ひ つ じ ぐ も
ひ つ じ ぐ も　ど こ へ い く の？　う ー み の む こ う の
ひ ひ つ じ ぐ も　だ れ と い く の？　と う さ ん か あ さ ん
ひ ひ つ じ ぐ も　な ん の お と な の？　く び に ー つ け て る
ひ つ じ ぐ も　い つ か あ え る？　そ う ね ー い つ か ね
(先生、お母さん、お父さん)
ま き ば へ い く の
い も う と た ち と
く る み の す ず よ
ど こ か で き ーっ と

🌷「どこへいくの？」のフェルマータ（𝄐や𝄑）は、言葉の意味が十分に伝わるように、ほどよく伸ばして歌いましょう。

いもほりの うた

●作詞／高杉有子　●作曲／渡辺　茂　●編曲／矢田部 宏

「でっかいぞ」と「ちっちゃいぞ」で、最後の拍手の大きさを変えてみましょう。

あきの うた

●作詞・作曲／峯　陽　●編曲／矢田部 宏

C F G7 C
C Em Am G D7 G
1.あ き は　み ん な　お しゃれ し て る よ
2.あ き は　か ぜ が　き どーって ふ く よ
G Dm G7 C
あ き は　そ ら も　す ま し て い る よ
あ き は　か ぜ も　よ そ い き な ん だ

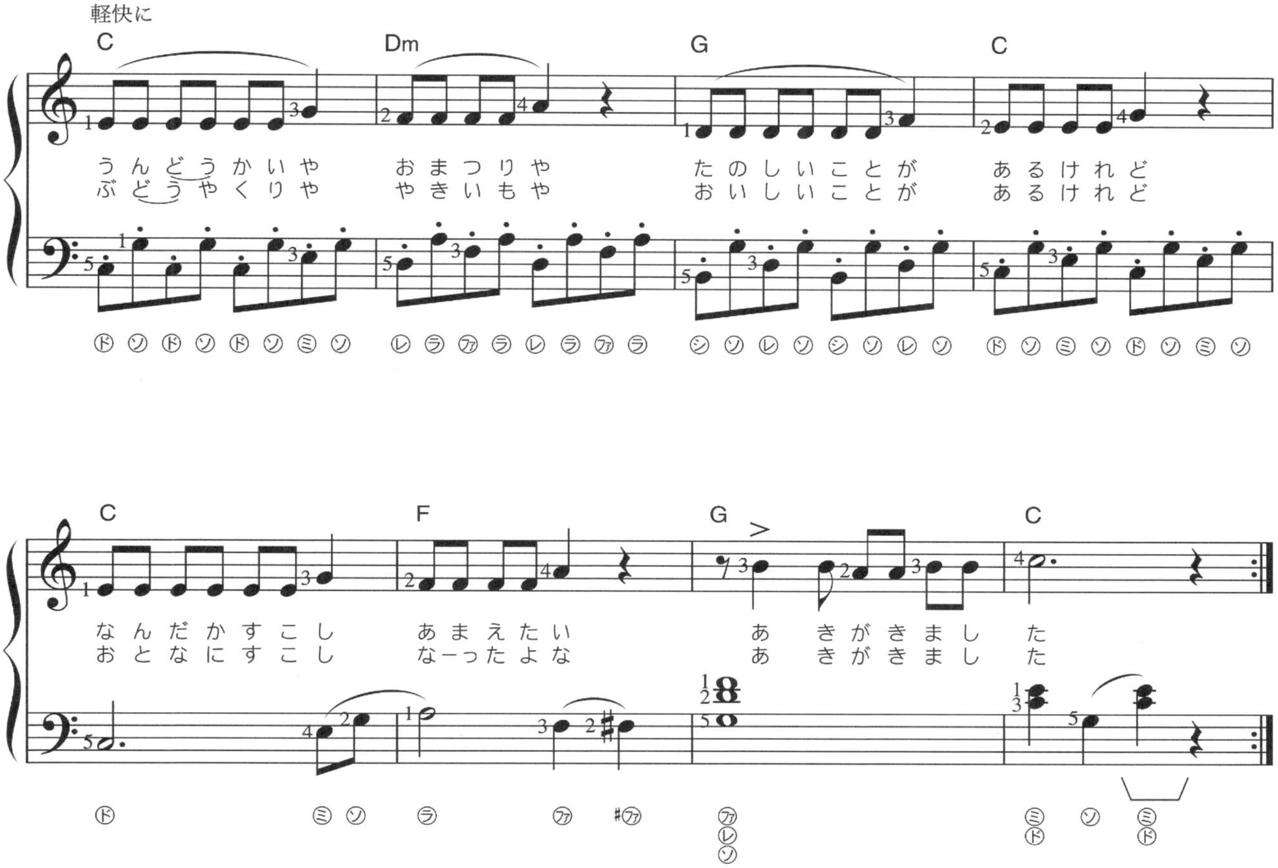
軽快に
C Dm G C
うんどうかいや　おまつりや　たのしいことが　あるけれど
ぶどうやくりや　やきいもや　おいしいことが　あるけれど
C F G C
なんだかすこし　あまえたい　あきがきました
おとなにすこし　なーったよな　あきがきました

「あまえたい」秋、「おとなになった」秋、という詞の意味を感じながら、ゆったりと歌いましょう。

そらに らくがき かきたいな

●作詞／山上路夫 ●作曲／いずみ たく ●編曲／矢田部 宏

明るく 夢みるように
C
Dm
G
C
Dm
そ ら に ら く が き
か き た い な
G7
C
いーっぱい いっ ぱい
か き た い な
か き た い な
E7
Am
D7
G
せ か い じゅう の と り が た べ て も た べ き れ な い よ な リン ゴ の き
せ か い じゅう の い ぬ が ほ え て も お ど ろ か な い よ な ブル ド ッ グ
せ か い じゅう の き しゃ を つ な げ て ま だ ま だ た り な い なが い は し

C
Dm
そ ら に お お き く か き た い な
G
C G C
シュ シュ シュー シュ シュ シュ シュー シュ か き た い な

空にらくがきをするような動作を加えたり、ほかにどんならくがきをしてみたいか考えたりしながら楽しみましょう。

はだかの き

●作詞／まど・みちお　●作曲／鈴木敏朗　●編曲／矢田部 宏

1.はっ ぱ が な い か ら
2.はっ ぱ が な く て も
は だ か の き き た か ぜ き た か ぜ ぶ る ぶ る さ む い と
な く も ん か が ん ば ろ が ん ば ろ は る の ひ ち か い と
な い て る の びゅ う る る びゅ う る る
う た ーっ て る びゅ う る る びゅ う る る
びゅ ー う る る る
びゅ ー う る る る

「びゅうるる」は、強い風が吹いているように、印象的に歌いましょう。

やきいもグーチーパー

●作詞／阪田寛夫　●作曲／山本直純　●編曲／矢田部 宏

楽しく
G7 C C
やきいもやきいも
C G7 G7 C C
おなかがグー ほかほかほかほか あちちのチ たべたらなくなる
C F G7
なんにもパ それやきいもまとめて
1. C
グーチーパー
2. C
グーチーパー

「グー」「チー」「パー」のところでは、ジャンケンのグーチョキパーを出しながら歌いましょう。

まっかな あき

●作詞／薩摩　忠　●作曲／小林秀雄　●編曲／矢田部 宏

Allegretto ♩=120
F F7 B♭ F C7 F
F C F C F Gm C
1.まっ かだな まっ かだな つたーのはーっぱが まっかだな
2.まっ かだな まっ かだな からーすうりーって まっかだな
3.まっ かだな まっ かだな ひがーんばなーって まっかだな
F B♭ F C7 F C7
レガート（なめらかに）
もみじのはーっぱも まっかだな しーずむゆうーひに
とんぼのせなかも まっかだな ゆーうやけぐーもを
とおくのたきびも まっかだな おーみやのとりいを

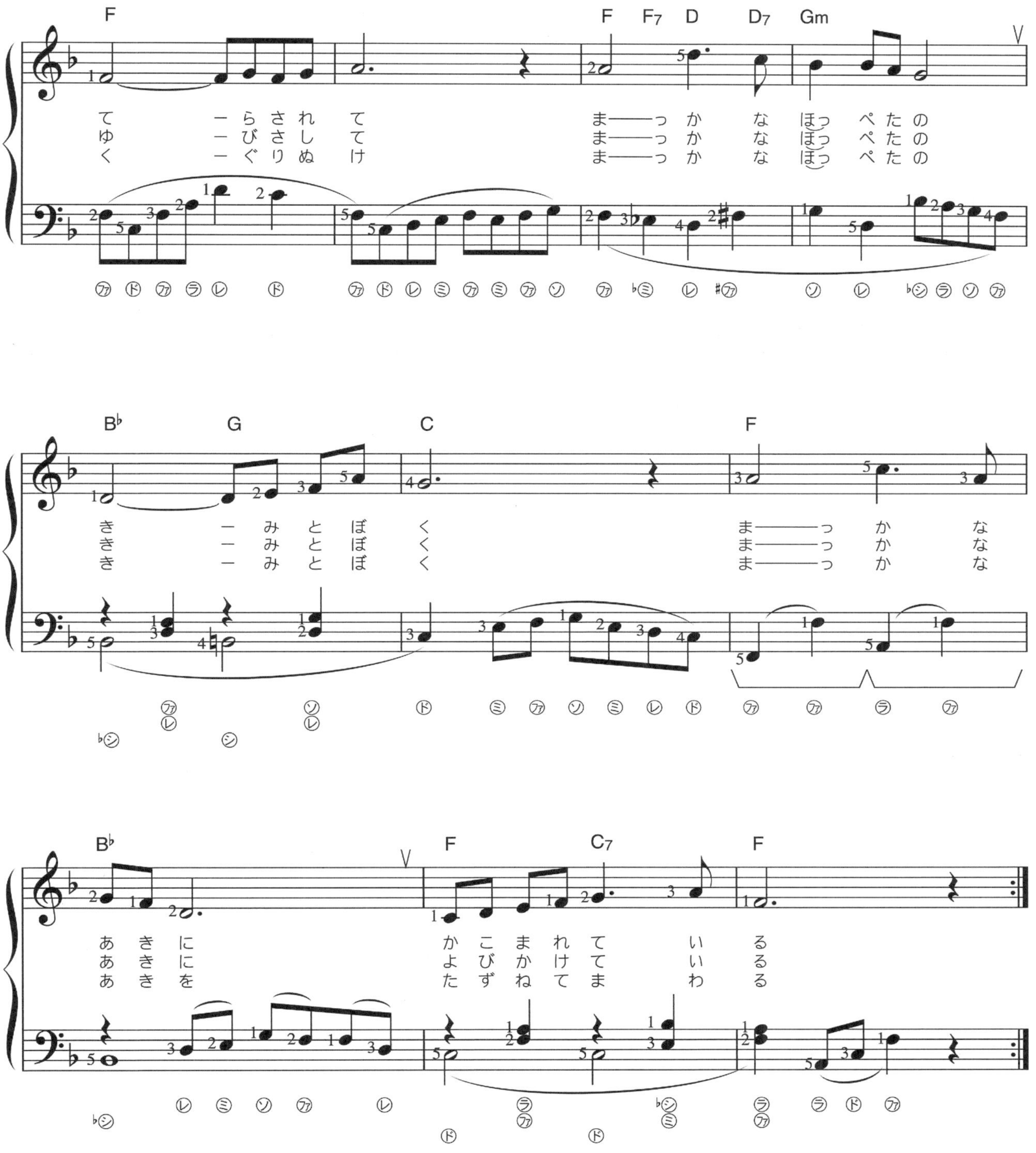
F
F F7 D D7 Gm
てーらされて まーっかなほっぺたの
ゆーびさして まーっかなほっぺたの
くーぐりぬけ まーっかなほっぺたの
B♭ G C F
きーみとぼく まーっかな
きーみとぼく まーっかな
きーみとぼく まーっかな
B♭ F C7 F
あきに かこまれて いる
あきに よびかけて いる
あきを たずねてまわる

「まっかだな」の言葉を大切に、秋の情景を美しく歌いましょう。

あわてんぼうの サンタクロース

●作詞／吉岡　治　●作曲／小林亜星　●編曲／矢田部 宏

Moderato ♩= 104
F F7 B♭ B° C
ファ ♭ミ レ ド シ ド
C F
1. あ わ
ド レ ミ ファ ド ファ ラ ド ラ
F C F Dm B♭ F C
てん ぼう の サ ン タ ク ロ ー ス ク リ
てん ぼう の サ ン タ ク ロ ー ス え ん
てん ぼう の サ ン タ ク ロ ー ス し か
てん ぼう の サ ン タ ク ロ ー ス も い
てん ぼう の サ ン タ ク ロ ー ス ゆ か
stacc.
ファ ド ♭シ ド ラ ド ファ ミ レ ファ レ ♭シ ラ ファ ソ ミ

F D7 G7 C
スマスまえにやってきた いそ
とつのぞいておっこちた あい
たがないからおどったよ たの
ちどくるよとかえってく さよ
いなおひげのおじいさん リンリン
ファ ド ラ ファ #ファ ラ レ #ファ ソ シ ソ ♭シ ド ド ♭シ ラ
F F7 B♭ B°
いでリンリンリン いそいでリンリンリン なら
たたドンドンドン あいたたドンドンドン まっ
しくチャチャチャ たのしくチャチャチャ みん
ならシャラランラン さよならシャラランラン タンブ
リンチャチャチャ ドンドンドンシャラランラン わす
ファ ド ファ ♭シ ラ ド ファ ♭ミ レ ♭シ レ ド シ #ソ ♭シ #ソ
F C7 F B♭ B°
しておくれよかねをー リンリン
くろくろけのおかおー ドンドン
なもおどろよぼくとー チャチャ
リンならしてきえたー シャラシャラ
れちゃだめだよおもちゃー リンリン
ド ラ ファ ラ ド ソ ファ ミ ファ ラ ド ラ ファ ラ ♭シ シ
F C7 F
1.2.3.4.
5.
リン リンリン リン リンリン リン
ドン ドンドン ドン ドンドン ドン
チャ チャチャ チャ チャチャ チャ
ラン シャララン ラン シャララン ラン
リン チャチャ チャ ドンシャラ ラン
2.あ わ
3.あ わ
4.あ わ
5.あ わ
ド ラ ファ ラ ド ソ ファ ミ ファ ラ ド ラ ファ ラ ド ラ ファ ファ ファ

クリスマスツリーなどを飾って雰囲気を出し、タンバリンや鈴などの打楽器もいっしょに鳴らしながら楽しみましょう。

うさぎのはらの クリスマス

●作詞／新沢としひこ　●作曲／中川ひろたか　●編曲／矢田部 宏

はずんで
C D♯o G
C G5♯ C Dm A Dm
1. 2. うさぎのはらのこうさぎたちは
G A7 Dm Fm Em D♯o C
そらにかがやくほしをみながら
パパとママにはきこえぬように
F C5♯ D♯o Em D♯o Em A
サンタクロースにおいのりしてるよ
サンタクロースにおいのりしてるよ

D G G7 C
おみみをつつむぼうしをください
ひとふゆぶんのにんじんください
ラララ
♯ファ レ ソ ファ ソ ミ ド ミ ソ ♭ミ レ
C F G C
ほしはキラキラーとおくキラキラー
ミ ド ラ ファ ソ レ シ ソ ミ ド
C F B Em
まどのむこうからウインクしてるきっと
ソ ミ ド ラ ファ シ ♯ファ ♯レ シ ソ ミ ソ ♯ファ ファ
C B B♭ A
ねがいがかなうそーうな
ド ソ ミ シ ♯ファ ♯レ ♭シ ファ レ ラ ミ ♯ド ラ シ ♯ド

みんなはサンタクロースにどんなお願いをするのか、聞いてみましょう。

おしょうがつ

●作詞／東　くめ　●作曲／滝 廉太郎　●編曲／矢田部 宏

うれしそうに ♩=100
F C7 F Dm Gm C7 F
F C7 F C F
1.2.もう いくつ ねると おしょうがつ
Dm B♭ F Dm C F C Dm C F C
おしょうがつには たこあげて こまをーまわして あそびましょう
おしょうがつには まりついて おいばねついてー あそびましょう
F C7 F Dm Gm C7 F
はやくー こいこい おしょうがつ

お正月は他にどんな遊びをするのか考え、年明けの遊びの計画を立てましょう。

ゆげの あさ

●作詞／まど・みちお　●作曲／宇賀神光利　●編曲／矢田部 宏

元気に
D G D D
1. お は よう
2. こ ど も も
3. お は よう
D G D Em
お は よう ゆ げ が で る は な か ら く ち か ら
お と な も ほ ら い ぬ も は な か ら く ち か ら
お は よう みん な お い で は な か ら く ち か ら
A D G D D Em A
ぽっ ぽっ ぽ ぽっ ぽっ ぽ き しゃ ぽっ ぽ み た い で ゆ か い だ
ぽっ ぽっ ぽ ぽっ ぽっ ぽ き しゃ ぽっ ぽ み た い で ゆ か い だ
ぽっ ぽっ ぽ ぽっ ぽっ ぽ き しゃ ぽっ ぽ しゅっ ぽっ ぽ で あ そ ぼ う
D 1.2. 3.
な
な
よ

🌷「はなから くちから ぽっぽっぽ ぽっぽっぽ」は、おもしろく息を出しながら歌ってみましょう。

ゆきの ぺんきやさん

●作詞／則武昭彦　●作曲／安藤　孝　●編曲／矢田部 宏

F
Gm C7 F
F
1. ゆ き の
2. ゆ き の
F
C
F
ぺんきやさんは おそらから ちらちら おやねも かきねも
ぺんきやさんは おおぜいで ちらちら おやまも のはらも
Gm F B♭ F Gm C F
ごもんも みんな
はたけも みんな
まっしろく まっしろく そめにくる

雪が街を白く染めていくようすをイメージしながら歌いましょう。

ゆき

●文部省唱歌 ●編曲／矢田部 宏

B♭ F C7 F
♭シ ラ ファ ラ ファ ラ ド ♭シ ミ ド ラ ファ ド ラ ファ
F
1.2.ゆ ー き や こん こ あ ら れ や こん こ
ド ラ ファ
F C7
ふーっ て は ふーっ て は ず ん ず ん つ も る
ふーっ て も ふーっ て も ま だ ふ り や ま ぬ
ファ ド ラ ド ファ ド ラ ド ファ ド ラ ド ♭シ ド ♭シ ド

F
やーまものはらもわたぼうしかぶり
いーぬはよろこびにわかけまわり
B♭ F C7 F
かれきのこらずはながさく
ねこはこたつでまるくなる

冬になるとよく耳にする、定番の歌ですね。元気よく歌って寒さを吹き飛ばしましょう。

かぜさんだって

●作詞／芝山かおる　●補作詞／サトウ ハチロー　●作曲／中田喜直　●編曲／矢田部 宏

♩=96ぐらい
Bm A D A D
1.かぜさん だーって おてて があるよ
2.かぜさん だーって おくち があるよ
3.かぜさん だーって おめめ があるよ
A Bm D A D E A7
ほんとだよ おまどをとんとん ほらね たたいている
ほんとだよ くちぶえふきふき ほらね どこかへいく
ほんとだよ えほんをぱらぱら ほらね ながめている
D Bm A D A D
よ
よ
よ

元気に外へ出て、かぜさんの声や音に耳をすませてみましょう。

ゆきの こぼうず

●作詞／村山寿子　●外国曲　●編曲／矢田部 宏

F Gm G C7 F
ド ラ ファ
♭シ レ ソ レ シ レ ソ レ ド ド ♭シ ド ラ ファ
F Gm G C7 F
1.～3.ゆ きのこぼうず ゆ きのこぼうず
や ね に お り た
い け に お り た
く さ に お り た
ド ラ ファ
♭シ レ ソ レ シ レ ソ レ ド ド ♭シ ド ラ ファ
F D7 Gm F B♭6 C F
つ る り と す べっ て か ぜ にのっ て き え た
す る り と も ぐっ て み ん な みん な き え た
じ ー ーっ と す わっ て み ず になっ て き え た
ド ♭シ ラ ソ ファ ♭ミ レ ソ ラ ♭シ ド ラ ファ

滑ったりもぐったりと動作もつけながら歌ってみましょう。

おにの パンツ

●作詞／田中星児　●作曲／ルウィジ・デンツァ　●編曲／矢田部 宏

元気よく（1小節2つに数えて弾いてください）

Dm C C F C C
f
お に ー の パ ン
ね ー ん は い
み ー の パ ン
ふ ー ん は い
C F C G7 C G7 C
ツ は い い パ ン ツ つ よ い ぞ つ よ い ぞ
て も や ぶ れ な い つ よ い ぞ つ よ い ぞ
ツ は だ め パ ン ツ よ わ い ぞ よ わ い ぞ
た ら や ぶ け ちゃ う よ わ い ぞ よ わ い ぞ
1.3. 2.4. Em D7 Em B7 Em
2.ご じゅう ね ー ん は い て も や ぶ れ な い
に ふ ー ん は い て も や ぶ け ちゃ う
ご

B7 Em B7 Em G
つ よ い ぞ つ よ い ぞ ひゃく ね
よ わ い ぞ よ わ い ぞ は い
D7 G D7 G D7 G D7
ー ん は い て も や ぶ れ な い つ よ い ぞ つ よ い
ー た と た ん に や ぶ け ちゃ う よ わ い ぞ よ わ い
G 𝄋2 G7
ぞ (𝄋2)は こ う は こ う お に の パ ン ツ (ハイ!)
ぞ は こ う は こ う だ め な パ ン ツ (ハイ!)
G7 C Em7 Am
は こ う は こ う お に の パ ン ツ あ な た も わ た し も おじい ちゃん
は こ う は こ う だ め な パ ン ツ あ な た も わ た し も おじい ちゃん

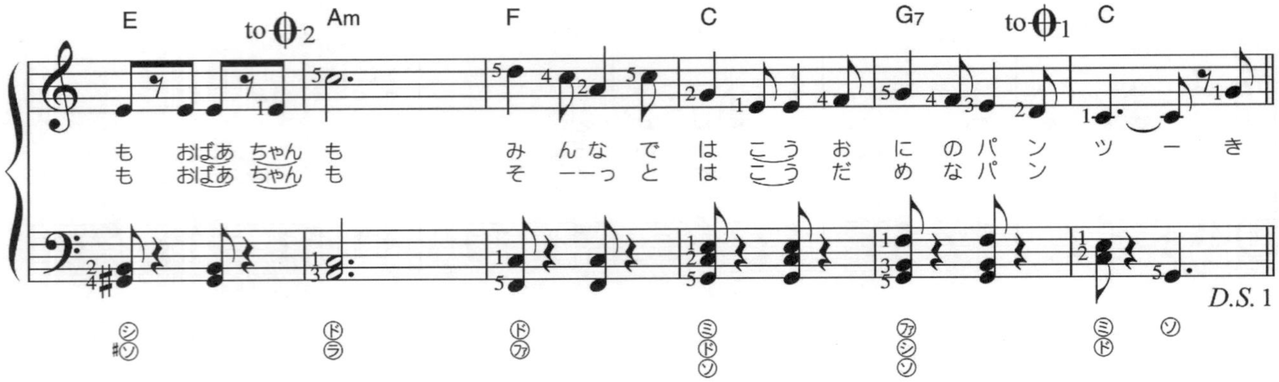
E
to Φ2
Am
F
C
G7
to Φ1
C
も おばあ ちゃん も みんな で は こう お に の パ ン ツ ー き
も おばあ ちゃん も そ ーーっ と は こう だ め な パ ン
D.S. 1

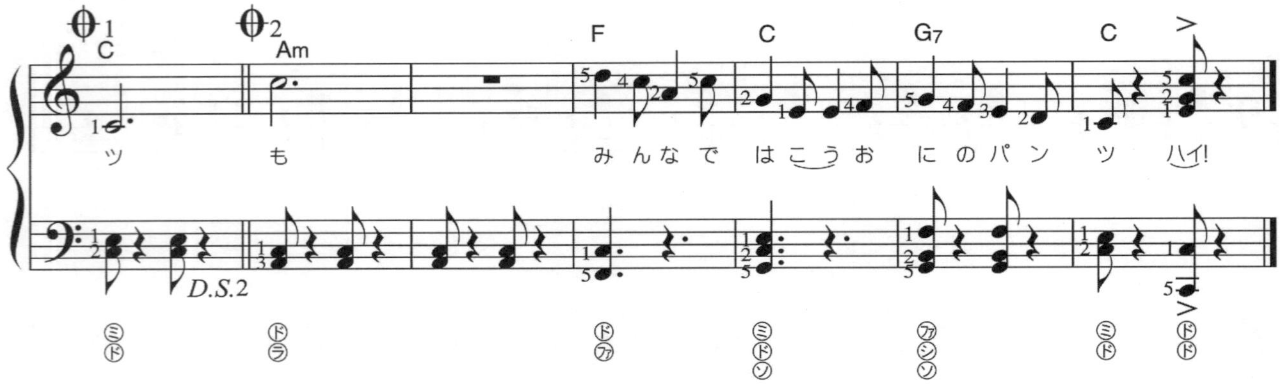
Φ1
C
Φ2
Am
F
C
G7
C
ツ
も
みんなではこうおにのパンツ ハイ!
D.S.2

スイスの登山電車が開通したときに作られた、お祝い歌の替え歌です。元気よくユーモラスに軽快なテンポで歌いましょう。𝄋1と𝄋2などの繰り返し記号に注意しましょう。「ハイ！」は歯切れよく、スタッカートではっきり発音しましょう。

はるかぜの チャチャチャ

●作詞／ともろぎ ゆきお ●作曲／峯　陽 ●編曲／矢田部 宏

F C F F
は る か ぜ
C F C
チャ チャ チャ ふ い た ら チャ チャ チャ ち ょ う ち ょ が チャ チャ チャ
F C F
タ ン ポ ポ チャ チャ チャ な き む し な ん か い な い よ
F C F C7 F
チャ チャ チャ み ん な で な か よ く げ ん き に チャ チャ チャ

この曲には、夏の風をテーマにした歌詞もあります。「夏の風チャチャチャ 吹いたよチャチャチャ 虫とりチャチャチャ プールでチャチャチャ よわむしなんか いないよチャチャチャ みんなでなかよく 元気にチャチャチャ」。季節にあわせて歌いましょう。（秋風・北風はP．39参照）

ともだちに なるために

●作詞／新沢としひこ　●作曲／中川ひろたか　●編曲／矢田部 宏

C
1.と も だ ち に な る た め に ひ と は で あ う ん だ よ
2.と も だ ち に な る た め に ひ と は で あ う ん だ よ
F C F C Dm
C G C F C
1.{ど こ の ど ん な ひ と と も
お な じ よ う な や さ し さ
2.{ひ と り さ み し い こ と が
だ れ か を き ず つ け て も

友達の大切さが身にしみる歌です。お別れするお友達や、卒園する年長さんへ、この歌を贈りましょう。

おもいでの アルバム

●作詞／増子とし ●作曲／本多鉄麿 ●編曲／矢田部 宏

Andante ♩.= 66
C G C
ド ミ ソ ド ミ ソ ド ミ ソ ド ミ ソ ソ レ ソ ソ ラ シ ド ソ ミ ド
C F C
mf
1. いつのことだか
2. はるのことです
3. なつのことです
4. あきのことです
5. ふゆのことです
6. ふゆのことです
7. いちねんじゅうを
おもいだしてごらん
ド ミ ソ ド ミ ソ ミ ソ ド ミ ソ ド ラ ソ ファ ミ ソ ド ミ ソ ド
G7 F C G7 C G C
あんなこと こんなこと あ──ったでしょうー
ソ #ファ ソ ラ ソ ド シ ド レ ド ソ ラ シ ド ソ ファ ミ ソ ミ ド ソ ラ シ ド

G C Dm C G7 G♯o F C Dm C G C
うれしかーったこーと おもしろかーったこーと いつになーってもわーすれないいー
ぽかぽかおにわで なかよくあそんだ きれいなはなも さーいていたー
むぎわらぼうしで みんなはだかんぼ おふねもみたよ すーなやまもー
どんぐりやまーの ハイキングラララ あかいはーっぱも とーんでいたー
もみのきかざーって メリークリスマース サンタのおじいさん わーらーってたー
さむいゆきのーひ あーったかいへやで たのしいはなし きーきましたー
もものおはなーも きれいにさいーて もうすぐみんなは いーちねんせい

1年間、クラスであったいろいろなことを、みんなで思い出しながら歌いましょう。

ともだち できちゃった

●作詞・作曲／阿部直美　●編曲／矢田部 宏

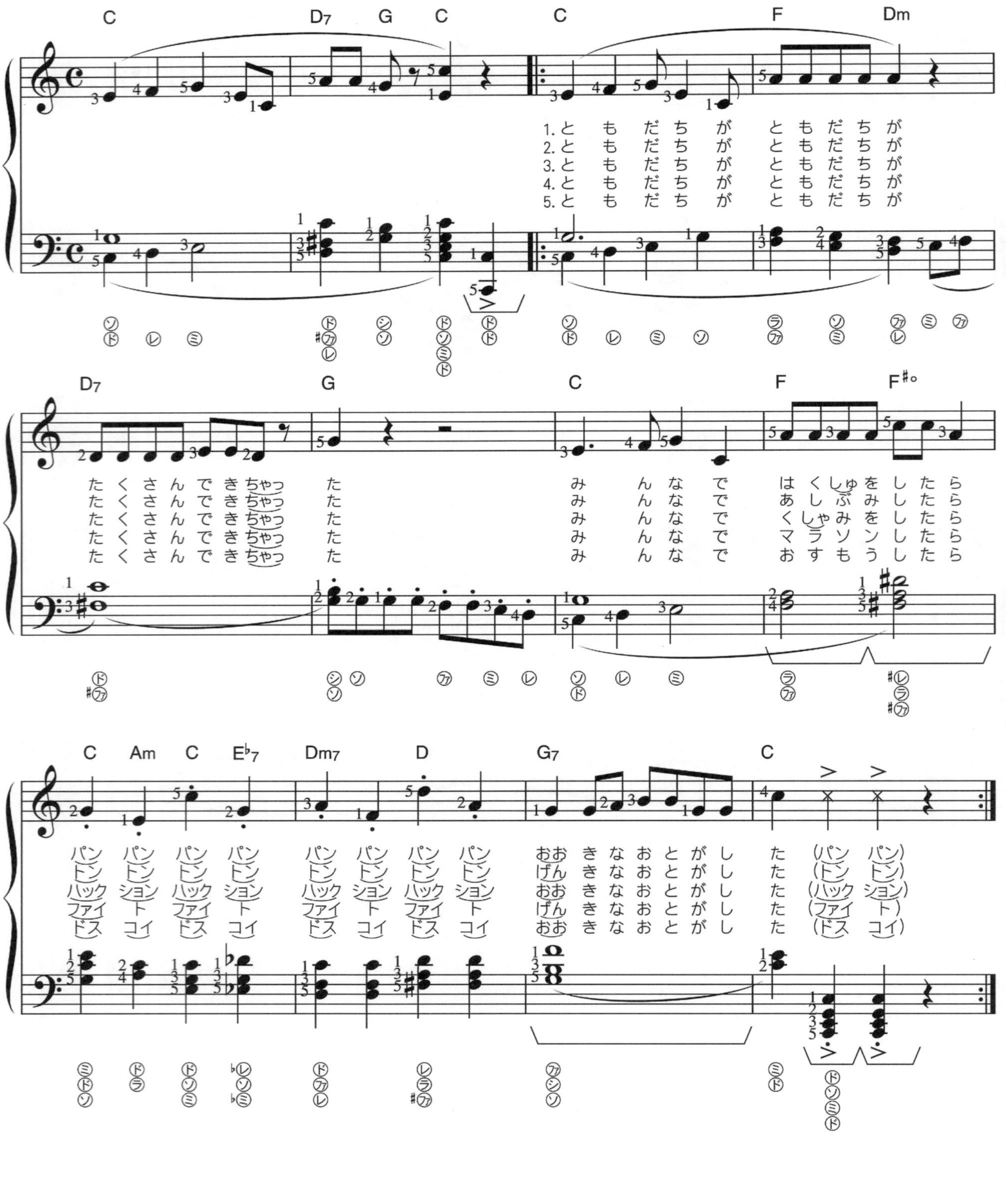
C D7 G C C F Dm
1. と も だ ち が と も だ ち が
2. と も だ ち が と も だ ち が
3. と も だ ち が と も だ ち が
4. と も だ ち が と も だ ち が
5. と も だ ち が と も だ ち が
D7 G C F F♯°
た く さ ん で き ちゃっ た み ん な で は く しゅ を し た ら
た く さ ん で き ちゃっ た み ん な で あ し ぶ み し た ら
た く さ ん で き ちゃっ た み ん な で く しゃ み を し た ら
た く さ ん で き ちゃっ た み ん な で マ ラ ソ ン し た ら
た く さ ん で き ちゃっ た み ん な で お す も う し た ら
C Am C E♭7 Dm7 D G7 C
パン パン パン パン パン パン パン パン おお き な お と が し た (パン パン)
トン トン トン トン トン トン トン トン げん き な お と が し た (トン トン)
ハック ション ハック ション ハック ション ハック ション おお き な お と が し た (ハック ション)
ファイ ト ファイ ト ファイ ト ファイ ト げん き な お と が し た (ファイ ト)
ドス コイ ドス コイ ドス コイ ドス コイ おお き な お と が し た (ドス コイ)

３番の後の間奏・後奏に使用する

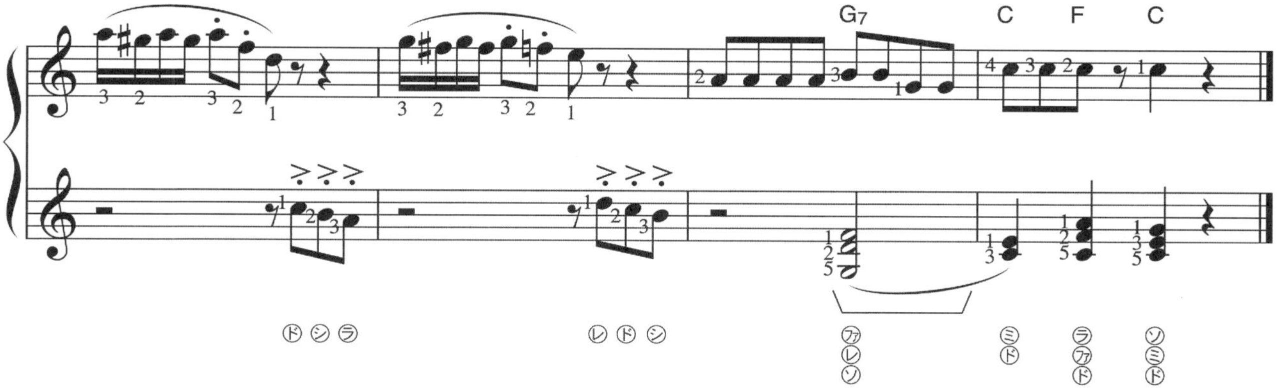

「みんなで○○したら…」と、いろいろなバリエーションを考えながら工夫して歌ってみましょう。

さんぽ

●作詞／中川李枝子　●作曲／久石　譲　●編曲／矢田部 宏

明るく、元気よく、行進曲の速度で
F G7 Em7 Am Dm7 G C
mf
C G C Am Gsus4 G
(指かえは、すばやく)
あ る こう あ る こう わた しは げ ん き
F Em Dm7 G C
あ るく のー だい す き どんどんい こ う

Fm C Fm C
1.さかみちー トンネルー くさ一っぱらー
2.みつばちー ぶんぶんー はなばたけー
3.きつねもー たぬきもー でておいでー
Am Em F D7 G
いーっぽんばしにー でこぼこじゃりみち
ひなたにとかげー へびはひるね
たんけんしようー はやしのおくまで
C Em F G7 C
3番
くものすくぐ一ってー くだりみち
ば一ったがとんーでー まがりみち
ともだちたくさんー うれしいな

元気に足踏みをしながら、楽しく歌いましょう。

はるが きた

●文部省唱歌　●編曲／矢田部 宏

Allegretto ♩= 120
C C7 F C G7 C
C F C F C D G
C F C7 F C G7 1.2. C 3. C
1.は るがきた はるがきた どこにきた
2.は ながさく はながさく どこにさく
3.と りがなく とりがなく どこでなく
や まにきた さとにきた のにもきた く
や まにさく さとにさく のにもさく
や までなく さとでなく のでもな

ぽかぽかした春の陽気をイメージしながら、伸びやかに歌いましょう。

つばめに なって

●作詞／塚本章子　●作曲／本多鉄麿　●編曲／矢田部 宏

C C
f
1.つ ばめ に な ーって
2.つ ばめ に な ーって
Am F C G C D G Am
とんでとんで あそぼ ご が つ の お そ ら を とんでとんで
とんでとんで あそぼ ゆ う や け お そ ら を とんでとんで
C G C
あ そ ー ぼ ー は い すい すい すい は い すい すい すい
あ そ ー ぼ ー は い すい すい すい は い すい すい すい

つばめになったつもりで、身体表現も交えながら歌いましょう。

そらを とんだ こいのぼり

●作詞・作曲／滝川弥絵　●編曲／矢田部 宏

F C G7
G7 C C Em
1.そら を とびた い こ
を とびた い こ
F G C Em G7
い のぼり が あるひ おそらを と びーまし
い・のぼり が あるひ まちーを と びーまし
C G C F C
た だから とんでとんでとん で そらをー とんでとんでとん
た だから とんでとんでとん で まちをー とんでとんでとん

C G7 C G C G7 C
で そらをー とんで とんで とんで で うれし かーったよ
で まちをー とんで とんで とんで で うれし かーったよ
C G C F C
ー だから とんで とんで とんで で そらをー とんで とんで とんで
ー だから とんで とんで とんで で まちをー とんで とんで とんで
C G7 1. C
で そらをー とんでとんでとんで で まちにでた ー 2.まち
で まちをー とんでとんでとんで
2. G7 C G7 C
で てれびとうに ひっかかーっちゃったよ

「とんで とんで とんで」のリズムを、正確にリズミカルに歌いましょう。

ピクニック・マーチ

●作詞／井出隆夫 ●作曲／越部信義 ●編曲／矢田部 宏

あるくテンポで
リズミカルに
F B♭ C7 F
1.み ぎ あ しさん よ ろ し く ね ひ
い と う が う た ーって る お
ぐ ら く ん こ ん に ち は お
Gm C D Gm F
だ り あ し さん がん ばろう ね ピ クニック ピ クニック い ち に い ち に
べ んとう が お どーって る ピピ クニック ピ クニック い ち に い ち に
こ しちゃーって ご めんな さい ピ クニック ピ クニック い ち に い ち に
D Gm F B♭ F
ピ クニック ピ クニック あ る け あ る け あ る け ば お な か が すい て く る あ
ピピ クニック ピ クニック あ る け あ る け お ひ さ ま そ ら か ら わら ーって る う
ピ クニック ピ クニック あ る け あ る け あ る け ば あ ー せ が きら き ら りん あ

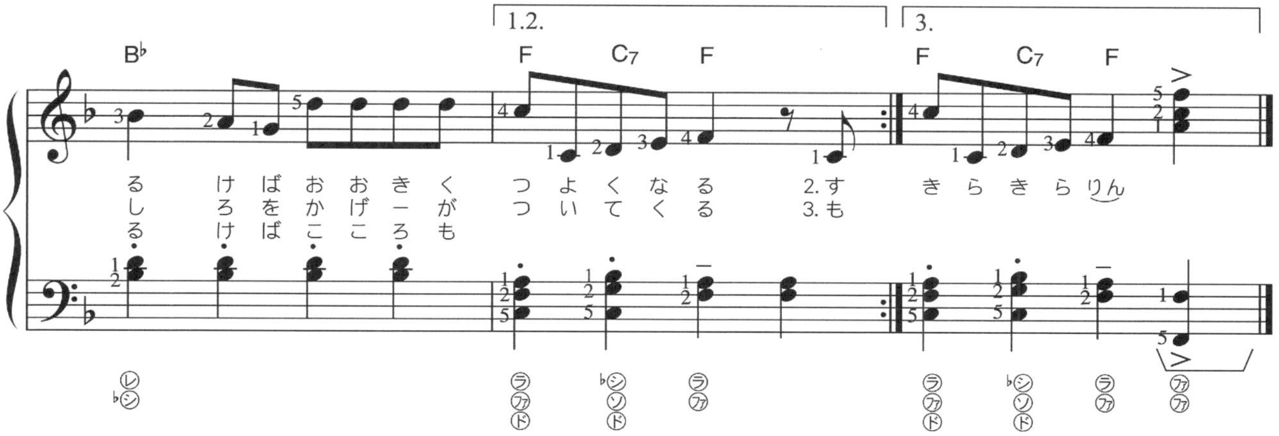
1.2.
3.
B♭ F C7 F F C7 F
るけばおおきく つよくなる 2.す きらきらりん
しろをかげーが ついてくる 3.も
るけばこころも

ピクニックや遠足などのときに歩きながら楽しく歌いましょう。

おおきな ふるどけい

●作詞／保冨康午 ●作曲／ワーク ●編曲／矢田部 宏

やさしく、かたりかけるように ♩= 104
G D7 G Am G D7 G
1. お
シ ド シ ド シ レ ド レ シ レ ソ
ソ #ファ ソ ソ ラ ソ
G D7 G Am G D7 G
お き な のっ ぽ の ふ る ど け い お じ い さ ん の と け い ひゃ く
ん で も しっ て る ふ る ど け い お じ い さ ん の と け い き れ
よ な か に ベ ル が ー な ーっ た お じ い さ ん の と け い お わ
シ ド シ ド シ レ ド レ シ レ ソ
ソ #ファ ソ ソ ラ ソ
G D7 G Am G D7 G
ねん い つ も う ご い て い た ご じ ま ん の と け い さ お じ
い な は な よ め やっ て き た そ の ひ も う ご い て た う れ
か れ の と き が き た の を み な に お し え た の さ て ん
シ ド シ ド シ レ ド レ シ レ ソ
ソ #ファ ソ ソ ラ ソ

G Em Am G G A7 D
いさんの うまれたあさに かって きたと けいさ
しいことも かなしいことも みなしってると けいさ
ごくへのぼる おじいさん とけい ともおわかれ
い
G D G Am G D7 G
まは もう うごかない その と け い ひゃく
G D7 G G D7 G
ねん やすまずに チク タク チク タク お じい さん と いっ しょ に チク タク チク タク い
1.2.
3.
G D G Am G D7 G G
まは もう うごかない その と け い 2. な い
3. ま

13～15小節の左手は少し難しいのでよく練習しましょう。「チク タク」のところは、ウッドブロックやカスタネットなどを鳴らしてみましょう。

ニャニュニョの てんきよほう

●作詞／小黒恵子 ●作曲／宇野誠一郎 ●編曲／矢田部 宏

F
A♭7
C
E♭o
Em5♭
E♭o
Em5♭
C
F
G
1.ね ね ネ コが ね ナ ニ ヌ ネ ノ
2.ね ね ネ コが ね ナ ニ ヌ ネ ノ
3.ね ね ネ コが ね ナ ニ ヌ ネ ノ
C7
F
音の高さは自由に
gliss.
F7
シ ーッポ をた てた ら い いて んき ニャン ニャ ニュニョ ニャ ニュニョ の
つ ーめ をと いだ ら く もり です ニャン ニャ ニュニョ ニャ ニュニョ の
か ーお をあ らう と あ めが ふる ニャン ニャ ニュニョ ニャ ニュニョ の

G C7 F C7 F
てんきよほう あがりめ まわりめ ニャンコのめ
てんきよほう ひかるめ まるいめ ニャンコのめ
てんきよほう あおいめ ギョーロメ ニャンコのめ
F C F C7 F C5# F C5# F C5# F C9 5# F C7 F
ニャーーーオ オ オ ニャーオ
ミャーーーー ア アン ミャーン
ニャーーーー ア アン ニャーオン

みんなでネコの動作や鳴き声をまねしながら楽しみましょう。

にじ

●作詞／新沢としひこ ●作曲／中川ひろたか ●編曲／矢田部 宏

C G A D G D
きみの きみのー きぶん もはれてー きっと あしたはー
Em Bm C G A7 D7 G
いい てんきー きっと あしたは いいてんき

ゆったりと揺れながら、歌の世界を味わいましょう。11小節目からのバスのレガートに注意しましょう。

おばけなんて ないさ

●作詞／まき みのり ●作曲／峯　陽 編曲●／矢田部　宏

Allegretto ♩= 120
1.おばけなんてないさ
2.ほんとにおばけが
3.だけどこどもなら
4.おばけのともだち
5.おばけのくにでは
おばけなんてうそさ ねーぼけたひとが みまちがえたのさ
でてきたらどうしよう れいぞうこにいれて かちかちにしちゃおう
ともだちになろう あくしゅをしてから おやつをたべよう
つれてあるいたら そこらじゅうのひとが びーっくりするだろう
おばけだらけだってさ そんなはなしきいて おふろにはいろう
1.2.3.4.
だけどちょっとだけどちょっと ぼくだってこわいな おばけなんてないさ

Am Em G D7 D7
おばけなんてうそさ
5.
D7 Em G G D D7 G
おばけなんてうそさ

おばけへのこわさを吹き飛ばすくらいに、元気よく歌いましょう。

みなみの しまの ハメハメハだいおう

●作詞／伊藤アキラ　●作曲／森田公一　●編曲／矢田部 宏

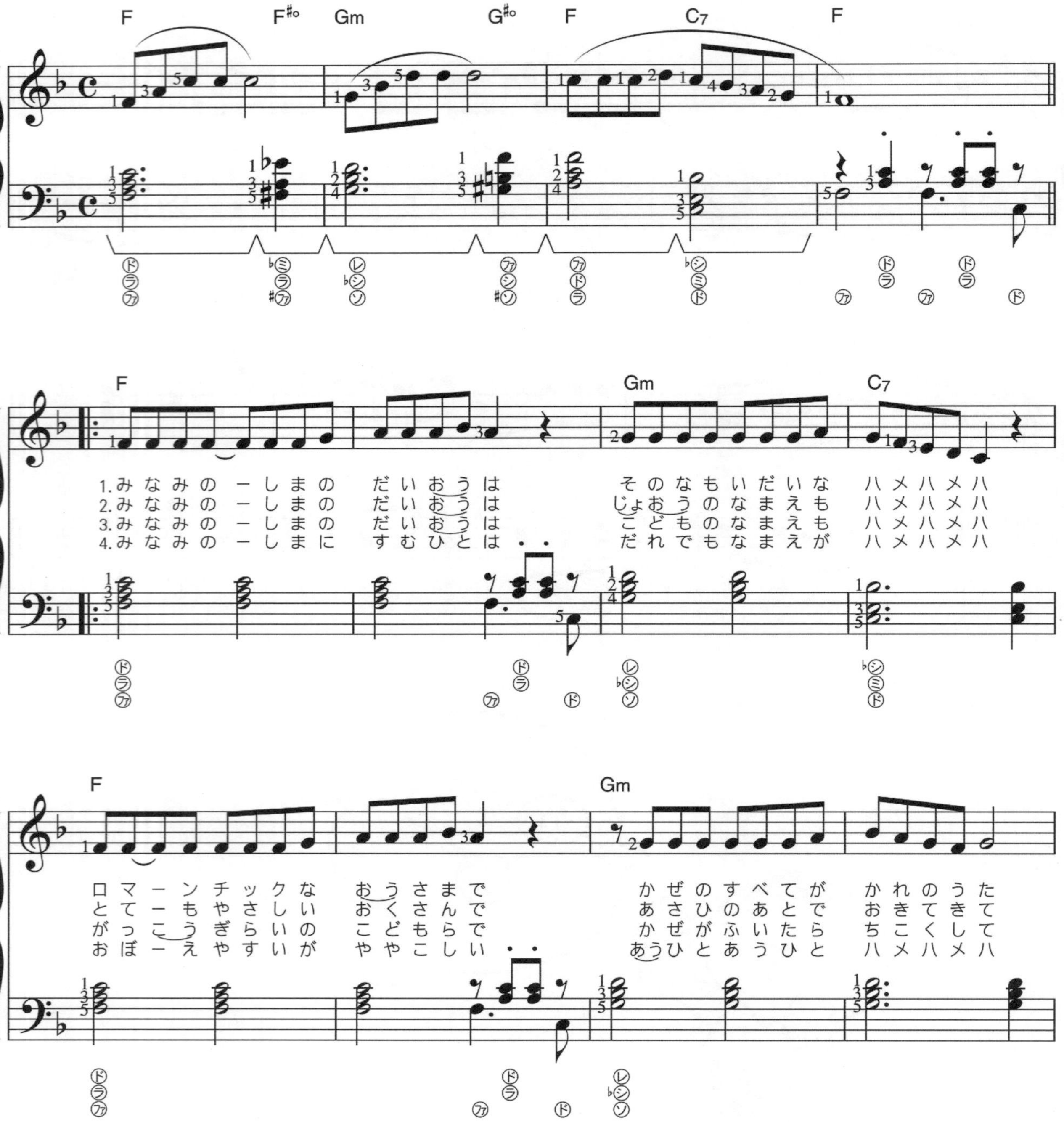
F F#o Gm G#o F C7 F
F Gm C7
1.みなみのーしまの だいおうは そのなもいだいな ハメハメハ
2.みなみのーしまの だいおうは じょおうのなまえも ハメハメハ
3.みなみのーしまの だいおうは こどものなまえも ハメハメハ
4.みなみのーしまに すむひとは だれでもなまえが ハメハメハ
F Gm
ローマーンチックな おうさまで かぜのすべてが かれのうた
とてーもやさしい おくさんで あさひのあとで おきてきて
がっこうぎらいの こどもらで かぜがふいたら ちこくして
おぼーえやすいが ややこしい あうひとあうひと ハメハメハ

C7 F F F♯o Gm G♯o to 𝄌
ほしのすべてが かれのゆめ
ゆうひのまえに ねてしまう
あめがふったら おやすみで
だれでもだれでも ハメハメハ
ハメハメハ ハメハメハ
F C7 1.2. F 3. F
ハメハメハメハメ ハ
D.C.
𝄌 C7 F F F♯o
ハメハメハメハメ ハ ハメハメハ
Gm G♯o F C7 F
ハメハメハ ハメハメハメハメ ハ

明るく生き生きと歌いましょう。３番が終わると、D.C.（ダ・カーポ）で最初に戻り、４番の後半は 𝄌（コーダ）に飛んで終わります。

うみ

●作詞／林 柳波 ●作曲／井上武士 ●編曲／矢田部 宏

大きな海を思い浮かべながら、ゆったりとした気持ちで歌いましょう。

キャンプだ ホイ

●作詞・作曲／マイク真木　●編曲／矢田部 宏

楽しく
B♭ F B♭ F C F Gm C7 F
1.〜3.キャンプ だホイ キャンプ だホイ キャンプ だホイホイ ホーイ
F Gm C7 F F B♭
キャンプ だホイ キャンプ だホイ キャンプ だホイホイホーイ
はじめてみるやま
はじめてみるとり
はじめてあうひと
Dm C F G C
はじめてみるかわ はじめておよぐうみ
はじめてみるむし はじめてあそぶもり
はじめてうたううた はじめてつくるごはん
F B♭ Dm C F C7 F
きょうからともだち あしたもともだち ずーっと ともだちさ

キャンプに行く楽しさを体いっぱいで表現しましょう。

てのひらを たいように

●作詞／やなせ たかし　●作曲／いずみ たく　●編曲／矢田部 宏

生き生きと
E♭ B♭ E♭
E♭ Fm B♭7 E♭ B♭7 E♭
1.ぼくらはみんな いきている いきているから うたうんだ
2.ぼくらはみんな いきている いきているから わらうんだ
Fm B♭7 E♭ B♭7 E♭
ぼくらはみんな いきている いきているから かなしいんだ
ぼくらはみんな いきている いきているから うれしいんだ

歌詞の意味も考えながら、みんなで元気よく歌いましょう。

おばけに なろう

●作詞／片岡 輝 ●作曲／越部信義 ●編曲／矢田部 宏

おどけて ♩=128
Dm G Dm G Dm G A
Dm Gm
1.おばけになろう おばけになれば
2.おばけになろう おばけになれば
Dm A Dm
こわいものなしさ ズビズビズビズバダ
そらだってとべるぞ ズビズビズビズバダ

ひとりずつが「おばけ」になったつもりで、おどけて踊りながら歌いましょう。「ズビ ズビ ズビ ズバダ」は、言い方を工夫しましょう。

しょうじょうじの たぬきばやし

●作詞／野口雨情 ●作曲／中山晋平 ●編曲／矢田部 宏

たのしく
C
リズミカルに
F G C C G
1. しょう しょう しょうじょうじ しょうじょうじ の にわ は
C G Am G C G C
レガート
つ つ つ き よ だ みーんな で て こいこいこい お い ら の と も だ ちゃ

C F G C
ポンポコポンの ポン
リズミカルに
C C F G C C F C
Fine
まけるな まけるな おしょうさんに
F C G C F G C C
(指かえ)
まけるな こいこいこい こいこいこい みーんなでて こいこいこい
2. しょう しょう
C G C G Am G C G C
レガート
しょうじょうじ しょうじょうじ の はぎは つ つ つきよだ はなざかり
D.S.

楽しく歌いましょう。「指かえ」のところに注意。レガートのところは、なめらかに弾きましょう。D.S.（ダル・セーニョ）から𝄋（セーニョ）のところに戻り、Fine（フィーネ）で終わります。

ひゃくさいの うた

●作詞・作曲／峯　陽　●編曲／矢田部 宏

G
C
ひゃくまでいきたら　いいだろな
C
F
G
C
おおきなケーキにろうそくを　ひゃっぽん　たてて　たべるんだ
G
C
F
C
ドンドンおおきく　なるからね　そのうちかならず　おいつくよ

保護者会や敬老の日のつどいなどで、おじいちゃんやおばあちゃんに向けて歌うといいですね。

おそらは きらきら

●作詞／別所みよ子　●作曲／渡辺　茂　●編曲／矢田部 宏

元気よく、はずんで ♩= 112
C リズミカルに
F Dm D
mf
G C
C リズミカルに
mf
1.こ すも す さ くみ ち し ろい み ち
2.す すき が よ んで る ひ ろい は ら
F D G C G C G レガート C
す いす い と んで る あ かと ん ぼ
こ いこ い ほ らこ い と んで こ い
お そ ら は
F C G C
き ら き ら ひ かる よ ひ か る らん ら らん

前半はスタッカートをきかせてリズミカルに、後半はなめらかに弾いて、メリハリをつけましょう。

あき

●作詞・作曲／則武昭彦　●編曲／矢田部 宏

優しく、のびやかに

B♭ Dm E♭ F B♭ B♭ E♭ B♭ E♭ Dm B♭
1.あ き は い い な す ず し く
2.あ き は い い な き れ い だ
F B♭ E♭ F
て お こ め が み のるよ く だ も の も
な あ ー か い き のはの こ び と さ ん
B♭ Cm C7 B♭ F7 B♭
や ま か ら こ ろ こ ろ やっ て く る
そ ら か ら ち ら ち ら とん で く る

秋にはほかにどんないいところがあるか、みんなで考えてみましょう。

きのこ

●作詞／まど・みちお　●作曲／くらかけ昭二　●編曲／矢田部 宏

軽快に ♩=132
F F
1.き き きのこ き き きのこ
2.き き きのこ き き きのこ
Gm C9 F
ノ コ ノ コ ノ コ ノ コ あるいたり しない き き きのこ
ニョキ ニョキ ニョキ ニョキ うでなんか ださない き き きのこ
F C F A
き き きのこ ノ コ ノ コ あるいたり しないけど
き き きのこ ニョキ ニョキ うでなんか ださないが

Dm Gm Dm
ぎんのあめあめふったらば　せいが
ぎんのあめあめふったらば　かさが
ファ レ ラ レ ラ レ ミ ファ ソ ♭シ レ ラ ファ ラ レ ラ ファ ラ
Dm
のびてく　るるるる　るるるる
おおきく　なるなる　なるなる
レ ミ ファ ♭レ ド ♮レ ド ♭ミ ド ♮ミ ド ファ ド ♭ソ ド ソ ♭ラ ♮ラ ♭シ
F Gm F
いきてる　いきてる　いきてる　いきてる　きの
いきてる　いきてる　いきてる　いきてる　きの
ラ ファ ラ ファ ラ ファ ラ ファ ♭シ ソ ♭シ ソ ♭シ ソ ♭シ ソ ファ ド ファ ミ
Dm F Gm F B♭ C F C7 F
こは　いきてる　んだね
こは　いきてる　んだね
レ ファ ド ファ ♭シ ファ ラ ファ ♭シ ド ファ ♭シ ミ ド ラ ファ ファ ファ

きのこがグングン伸びていくようすをイメージしながら軽快に歌いましょう。

いがぐりぼうや

●作詞／森　修蔵　●スウェーデン民謡　●編曲／矢田部 宏

軽快に
F C Dm G C C G7 C
1.きのえだ ぐらぐら かぜさんが
2.さかみち ころころ かぜさんが
3.やまみち くるくる かぜさんに
Fine
G C G C G7 C F C
ゆする いがぐり ぼうやの ぶーらん こ こえだが ブンブルブン
おすよ いがぐり ぼうやの ころげーっ こ りすさん びっくりこ
おされ ひるねの くまさんに ゴッツンゴッツン コ チクチク めがさめ
G7 C F C G7 C G7 C
めがまわる クックルク おててが はなれて トンコロトンコロ ちゅうがえり
めだまを ぎょろろろ ぶつかっちゃ たいへんと ピクチョンピクチョン にげる
おはなが あいたたた びっくりした くまさん ごろごろ ころげる
2、3番の後 D.C.

3番の後奏は、前奏の４小節を使います。擬音のおもしろさを楽しみながら歌いましょう。

おちばの ゴーゴーゴー

●作詞／小春久一郎 ●作曲／宇野誠一郎 ●編曲／矢田部 宏

軽快に、はずんで
1.2.おちばがちるよ ゴー ゴー ゴー かぜが ふくから ゴー ゴー ゴー
うさぎもりーすも
きつねもさーるも
でておーい
でー
みんなでおどろよ ゴー ゴー ゴー

落ち葉が散る寒い季節でも、元気に体を動かして遊びたくなる歌ですね。

もみじ

●作詞／古村徹三　●作曲／不詳　●編曲／矢田部 宏

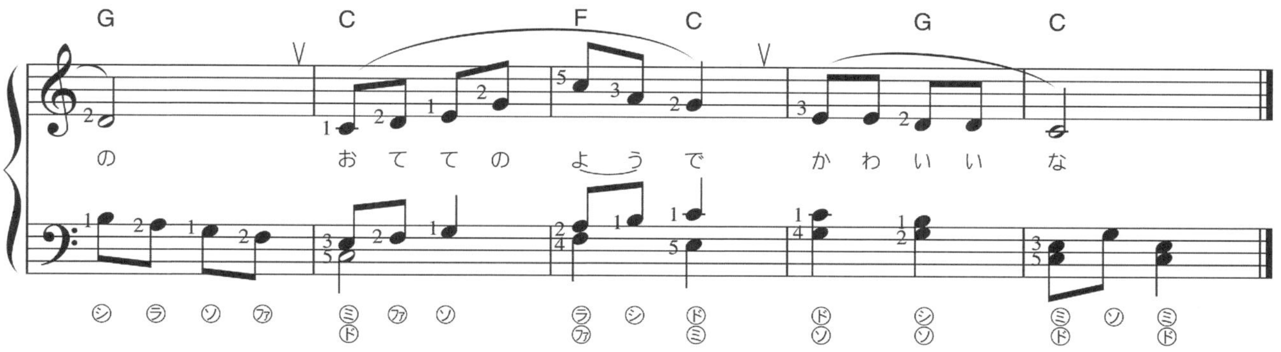

レガートで、なめらかに美しく弾きましょう。

さよなら

●作詞／小春久一郎　●作曲／矢田部 宏

Moderato ♩= 96 Swing
F
B♭
F
C7
F
p
mf
F
p
mf
1.さ よ な ら さ よ な ら さ よ な ら
2.さ よ な ら さ よ な ら さ よ な ら
Gm
mf
G
C
き の み が え だ か ら さ よ な ら
し ま り す は る ま で さ よ な ら

F F° F F#° Gm C7 F
p f p a tempo
おちばの したで ねむります
もりにも ゆきが ふるでしょう
F Gm C7 F
p mf rit.

ペダルをじょうずに使い、なめらかに弾きましょう。

サンタが まちに やってくる

SANTA CLAUS IS COMIN' TO TOWN　Words by Haven Gillespie
Music by J.Fred Coots
●日本語詞／新田宣夫　●編曲／矢田部 宏

2.
C C7 F C7
タウン クリ ス マ ス イ ヴ を ゆ び お り か ぞ
F D7 G G♯o Am D7 G G7
え た おさ な い お も い で も こ よ い な つ か し さ
C C7 F Fm C C7 F Fm
あ なた か ー ら メ リクリス マス わ たし か ら メ リクリ スマス
C C7 Dm G C Am Dm G7 C
（２回目は上げる）
サン タ クロース イズ カ ミン トゥ タウン

コンコンクシャンの うた

●作詞／香山美子　●作曲／湯山　昭　●編曲／矢田部 宏

♩=104 ぐらい
F F4 F
1.りすさんが
2.つるさんが
3.ぶうちゃんが
4.かばさんが
5.ぞうさんが
F C C$^4_2$ C7 F C
ママスクした ちいさいちいさいちいさいちいさい
ママスクした ほーそいほーそいほーそいほーそい
ママスクした まあるいまあるいまあるいまあるい
ママスクした おおきいおおきいおおきいおおきい
ママスクした なーがいなーがいなーがいなーがい
F Gm C7 F
ママスクした
ママスクした
ママスクした
ママスクした
ママスクした
コンコンコンコン クシャン

リスやツル、ブタなど、それぞれの動物の特徴を表現しながら歌ってみましょう。

もちつき

●作詞／小林純一　●作曲／中田喜直　●編曲／矢田部 宏

（間奏・後奏）
1.も ち つ き ぺっ たん こ そ れ つ け ぺっ たん こ つ い た ら の ば ー し て の ー し も ち ぺっ たん こ
2.も ち つ き ぺっ たん こ そ れ つ け ぺっ たん こ つ い た ら ま る ー め て か が み も ち ぺっ たん こ

「ぺったんこ それつけ ぺったんこ」と、もちつきの動作をしながら歌いましょう。

カレンダーマーチ

●作詞／井出隆夫　●作曲／福田和禾子　●編曲／矢田部 宏

C G7 C C G
1.い ちが つい ーっぱ い ゆ きよ ふれ
2.ご がつ だご らん よ こ いの ぼり
3.く がつ にく りの み も うあ きだ
Dm G C
に がつ のに わに は ふ くじゅ そう さ んが つ さ むさ に さ よう なら
ろ くが つろ うか に てるてるぼ ーず し ちが つ し よう よ み ずあ そび
じゅ うが つじゅ うご や お つ き さま じゅういち がつじゅんび だ ふ ゆが くる
Dm G C C Am C G
し が つ にしょ う が く い ちね んせい
は ち が つハ ア ハ ア あ ああ つ い
じゅうに が つジングルベ ル ク リス マス
カ レーン カレーン カ レ ンダ ーマ ーチ

Dm G7 to C Em Am C
いちね んたーったら またおーい で ー

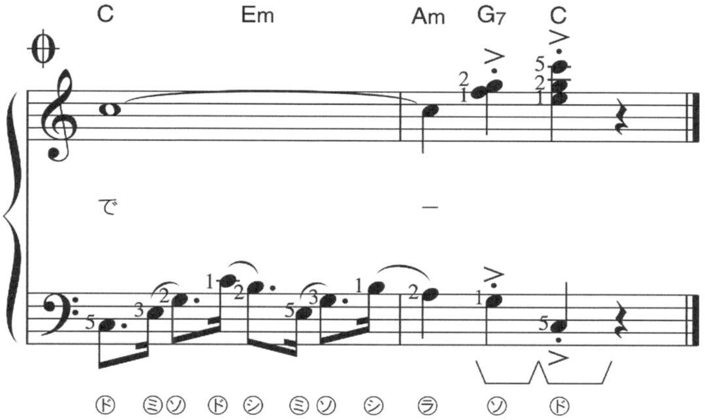
C Em Am G7 C
で ー

1月から12月までいろいろなことがありましたね。新しい1年に期待を持ちながら、言葉の発音をはっきりさせて歌いましょう。

たきび

●作詞／巽 聖歌 ●作曲／渡辺 茂 ●編曲／矢田部 宏

右手
左手
mf
C
G
かきねの かきねの まがりかど
さざんか さざんか さいたみち
こがらし こがらし さむいみち
ド ミ ソ ミ ド ミ ソ ソ ラ シ
C F Dm7 C G C G
たきびだ たきびだ おちばたき あたろうか
たきびだ たきびだ おちばたき あたろうか
たきびだ たきびだ おちばたき あたろうか
ド ミ ファ レ ソ ソ ド シ ド レ ド シ

C C F C C G 1.2. C
あ た ろ う よ き た か ぜ ぴ い ぷ う ふ い て い る
あ た ろ う よ し も や け お て て が も う か ゆ い
あ た ろ う よ そ う だ ん し な が ら あ る い て
3. C G C C G C
く
右手
右手
左手
左手

前奏は両手に分けてレガートで弾きます。「あたろうか」「あたろうよ」は、２グループに分かれて、かけ合いのようにしてもおもしろいでしょう。

きたかぜこぞうの かんたろう

●作詞／井出隆夫　●作曲／福田和禾子　●編曲／矢田部 宏

Dm7
かんたろう
(語り)
ー「かんたろう!」
ことしもー ーまちまで
くちぶえー ーふきふき
でんしんー ーばしらも
レ ラ ド ラ レ ラ ド ラ レ ラ ド ラ レ ラ ド ラ
Em7
F6
やーってきたー
ひとりたびー
ないているー
ヒュ ーン ヒュ ーン
ミ シ レ シ ミ シ レ シ ファ ド レ ド ファ ド レ ド
F6
G7
F
ヒュルル ン ル ンル ンル ンー
ふゆでーござんーす
さむうーござんーす
ゆきでーござんーす
ファ ド レ ド ファ ド レ ド
ファ レ シ ソ
ド ラ ファ
G7
C
1.2.
3.
C6
ヒュルルルルルル ルン ー 2.3.きた ルン
ファ レ シ ソ
ド ソ ラ ソ ド ソ ラ ソ ド ソ ラ ソ ド ド ソ ラ ソ ド ソ ラ ソ
ミ ソ ド

「かんたろう!」は、大きな声で呼びかけましょう。「ヒューン」のところは、無声音で大きな風をイメージしながら吹いてみましょう。

あかおにと あおおにの タンゴ

●作詞／加藤 直 ●作曲／福田和禾子 ●編曲／矢田部 宏

♩= 120
E4/7
E4/7
ミ ラ シ レ ミ ラ シ レ ミ ラ シ レ ミ ラ シ レ ミ ラ シ レ ミ ラ シ レ ミ ラ シ レ ミ ラ シ レ
B7
Em B7 Em
Em
1.あきかぜの わすれもの
2.あきかぜの わすれもの
ラ #ファ #レ シ
ソ ミ
シ ミ
ミ シ ミ #ラ シ ミ シ ミ #ラ シ
Am B
Em
ゆうやけ ピーヒャララ こんもり ふかーい
よぞらに ドンドコショ しんしん くらーい
ミ シ ミ シ ラ ミ シ ラ ソ #ファ ミ シ ミ #ラ シ ミ シ ミ #ラ シ

Am B Am Bm
やまおーくにー (𝄾)かぜにのーって とどい
やまおーくにー やまびこどんどこ とどい
Em Am Em Am
たーーーー
たーーーー
つのつのいっぽん あかおにどん
Em Am Bm C Am
つのつのにほん あおおにどん こころうーかれて こころうーかれて
タンゴのリズムにのって
B Em
おどりだすー ー つきのひとみ

笛なども加えながら、タンゴのリズムで自由に踊りましょう。

はるは どこからくるの

●作詞／沢渡吉彦 ●作曲／矢田部 宏

Andantino ♩=76
F Cm D Gm C7 F
F Gm Am Gm6 F
(子ども)
mp
1. はるは どこから やーって くるの
2. はるは なーにに のーって くるの
3. はるは だーれを まーって いるの
4. はるは どこでお ねんね するの
Gm C♭o Gm Dm C
おかあさん‥‥
おかあさん‥‥
おかあさん‥‥
おかあさん‥‥
F C F C
(先生・お母さん・お父さん)
とおいー とおいー
しろいー しろいー
おはなの こどもを
やさしい おつきさまに
F Cm D Gm F Gm C7 F F
ゆっくり
みなみのくにから くるんだよ
わたぐもにーのって くるんだよ
はーやくおいでと まーってるの
だかれておねんね するんだよ

🌷 子どもの問いかけに、お母さんが答える問答形式になっています。２グループに分かれて歌ったり、参観日に保護者の方に歌っていただいたりしてもいいですね。

ゆき

●作詞／新沢としひこ　●作曲／中川ひろたか　●編曲／矢田部 宏

B♭m F C7 F C7 F F
1. 2.
しろい ー ゆき ー ゆ き ゆ き う さ ぎ の ゆ め に
めたい ー ゆき ー
B♭ C7 F Dm B♭
ふるゆきも きつねのゆめに ふるゆきも わたしのゆめにー ふるゆきも
B♭m F Gm F B♭m F C7 F
おなじーゆきー ゆ き や さ しいーゆきー ゆ き

山や森に降る雪をイメージしながら、ゆったりと歌の世界を味わいましょう。

きみと ぼくの あいだに

●作詞・作曲／柚 梨太郎　●編曲／矢田部 宏

Dm Gm Gm5♭ F C9/7
F C Dm Am
1.き み と ぼ く の あ い だ に た ん ぽ ぽ を さ か せ よ う
2.き み と ぼ く の あ い だ に ○ ○ ○ ○ を さ か せ よ う
B♭ F E♭ C
わ た げ ふ き と ば し ー
お ひ さ ま の し た で ー
F C Dm Am
だ け ど た ん ぽ ぽ だ け じゃ ちょっ ぴ り さ み し い か ら
だ け ど ○ ○ ○ ○ だ け じゃ ちょっ ぴ り さ み し い か ら

この歌にはもともと歌詞が４番まであります。○○と△△に入る本来の歌詞は、（１番）たんぽぽ・ひまわり、（２番）ひまわり・コスモス、（３番）コスモス・ほほえみ、（４番）ほほえみ・愛です。みんなで相談して、好きな花の名前を入れて歌うのも楽しいでしょう。

さよなら ぼくたちの ほいくえん（ようちえん）

●作詞／新沢としひこ　●作曲／鳥筒英夫　●編曲／矢田部 宏

Moderato
G D G D G
1.た く さ ん の ま い に ち を
ん の ま い に ち を
ソ シ レ シ ソ レ #ファ レ ラ レ ソ レ #ファ レ ソ レ シ ド シ ラ ソ #ファ ミ #ファ
G Em B Em Bm
こ こ で す ご し て き た ね
こ こ で す ご し て き た ね
ソ ミ ソ シ ソ ミ ソ シ ソ #レ シ ミ シ レ シ レ ド シ レ #ファ シ ド シ ラ ソ
Bm C D7 Bm
な ん ど わ ら ーっ て な ん ど な い
うれ し い (ﾌ) こ と も かな し い こ と
#ファ ミ レ ド シ ミ ソ ミ ソ ミ ド レ ド レ ド シ #ファ シ #ファ シ

Em A7 D
て な ん ど か ぜ を ひ い て
も き ーっ と わ す ー れ な い
ミ シ ミ シ ミ
ソ ♯ド ラ
レ ド シ ラ ソ ♯ファ ミ
D G D G D C G
た く さ ん の と も だ ち と
た く さ ん の と も だ ち と
レ
ソ シ レ シ ソ レ ♯ファ レ
ラ レ ソ レ ♯ファ レ ソ レ
シ ド シ ラ ソ ♯ファ ミ ♯ファ
G Em B Em Bm
こ こ で あ そ ん で き た ね
こ こ で あ そ ん で き た ね
ソ
ミ ソ シ ソ ミ ソ シ ソ
♯レ シ ミ シ レ シ レ ド
シ レ ♯ファ シ ド シ ラ ソ
Bm C D7 Bm
ど こ で は し ーっ て ど こ で こ ろ ん
み ず ー あ そ び も ゆ き ー だ る ま
♯ファ ミ レ ド シ
ミ ソ ミ ソ ミ
ド レ ド レ ド
シ ♯ファ シ ♯ファ シ

Em A7 D7
で ど こ で け ん か を し て ー
も ず ーっ と わ す ー れ な い ー
ミ シ ミ シ ミ ソ ♯ド ラ ド ラ レ ラ ド ラ ソ ♯ファ レ レ レ ミ レ ♯ファ レ
G D G D G C D G
さ よ な ら ぼ く た ち の ほ い く え ん ぼ く
さ よ な ら ぼ く た ち の ほ い く え ん ぼ く
(よ う ち え ん)
ソ レ ソ レ ソ レ シ レ ラ レ ソ ♯ファ ソ ラ シ ソ ド ソ ミ ド ミ ド ♯ファ レ ソ レ シ レ ソ
C Cm6 G D
た ち の あ そ ん だ に わ ー
た ち の あ そ ん だ に わ ー
ミ ソ ミ ソ ミ ソ ミ ソ ド ソ ド ソ ミ ソ ♭ミ ソ レ ソ シ ソ レ ソ シ ソ ♯ファ レ レ レ レ ミ レ ♯ファ レ
G D G D G C D7 G
さ く ら の は な ー び ら ふ る こ ろ は ラ ン
こ の つ ぎ あ そ ー び に く る と き は ラ ン
ソ レ ソ レ ソ レ シ レ ラ レ ソ ♯ファ ソ ラ シ ソ ド ソ ミ ド ミ ド ♯ファ レ ソ レ シ レ ソ

これまで過ごしてきた思い出を、いっぱいこめて歌いましょう。幼稚園では、「ほいくえん」を「ようちえん」に変えて歌ってください。

いちねんせいに なります

●作詞・作曲／新沢としひこ　●編曲／矢田部 宏

元気よく
C Dm7 G C F C G7
リズミカルに
1.いちねんせいに なりますー
2.いちねんせいに なりますー
3.いちねんせいに なりますー
G7 C A7 D
しんぱいしないで くださいー だけどやっぱり ちょっとはー
しーっかりまじめに やりますー だけどやっぱり ちょっとはー
げんきにあるいて いきますー だからおおきな はくしゅでー
C G7 C Dm7 G C
しんぱいしてくだ さい イエー
ふざけるかもしれ ない イエー
おうえんしてくだ さい イエー
リズミカルに

ペダルを使って和音をよく響かせて、元気よく歌いましょう。もうすぐ小学校１年生になるうれしさを表現しましょう。

せんせい おはよう

●作詞／小春久一郎　作曲●／矢田部 宏

元気よく
G
C F C
せん せい お はよう
F C F C F G
み なさん お はよう お はよう お は よう
C F Dm G7 C F C
お はよう た く さ ん い え る か ら い い な

朝、新鮮な気持ちで元気よく「おはよう！」とあいさつをして、１日のスタートを切りましょう。

はじまるよ はじまるよ

●作詞・作曲／不詳　●編曲／矢田部 宏

G　Em　D7　G　C　G
G　Em　D7　G　C　G
はじまるよ　はじまるよ　はじまるよったら　はじまるよ
G　Em　D7　G
1. いちといちとでにんじゃだよ「ドローン」
2. にーとにーとでかにさんだよ「チョキーン」
3. さんとさんとでねこのひげ「ニャオーン」
4. よんとよんとでたこのあし「ヒューン」
5. ごーとごーとでてはおひざ

1番

①はじまるよ はじまるよ
はじまるよったら はじまるよ

左右で3回ずつ手をたたく。2回繰り返す。

②いち と いち て

人さし指を片方ずつ出す。

③にんじゃだよ

忍者が変身するポーズをする。

④「ドローン」

横に振る。

2番

①はじまるよ はじまるよ
はじまるよったら はじまるよ

1番 の①と同じ。

②に と に て

２本の指を立て、片方ずつ出す。

③かにさんだよ

カニのはさみの形で、左右に振る。

④「チョキーン」

切るしぐさをする。

3番

①はじまるよ はじまるよ
はじまるよったら はじまるよ

1番 の①と同じ。

②さん と さん て

３本の指を立て、片方ずつ出す。

③ねこのひげ

ほおでネコのひげを作る。

④「ニャオーン」

招きネコの手をする。

4番

①はじまるよ はじまるよ
はじまるよったら はじまるよ

1番 の①と同じ。

②よん と よん て

４本の指を立て、片方ずつ出す。

③たこのあし

体の前でゆらゆらと手を揺らす。

④「ヒューン」

横に飛んでいくように振る。

5番

①はじまるよ はじまるよ
はじまるよったら はじまるよ

1番 の①と同じ。

②ご と ご て

５本の指を立て、片方ずつ出す。

③て は おひざ

両手をひざの上におろす。

お話しや活動の前に歌うと、「手はおひざ」で、しぜんと聞く態度ができてきます。

おててを あらいましょう

●作詞・作曲／不詳　●編曲／矢田部 宏

F C Dm G C C F C
おてーてを あらいましょう きれいに
G C F C C G C
しましょう おてーてを あらいましょう きゅきゅきゅきゅ ぽんぽんぽん

手洗いのしかたを確認しながら歌いましょう。

とうばん

●作詞／三橋あきら　●作曲／本多鉄麿　●編曲／矢田部 宏

C F G C C
1. とう ばん とう ばん
2. とう ばん とう ばん
F C G C
おとうばん きょうは どなたが おとうばん
おとうばん きょうは わたしが おとうばん

おとうばん
おとうばん

今日のお当番を確認するときに歌いましょう。お当番としての自覚が持てるようになります。

おべんとう

●作詞／天野　蝶　●作曲／一宮道子　●編曲／矢田部 宏

♩=120
C F C G7 C C
1. おべんと
2. おべんと
C F C F C
おべんとうれしいな　おてても　きれいに
おべんとうれしいな　なんでも　たべましょ
D9 G C Dm C F G C
なりました　みんな　そろーって　ごあいさつ（いただきます）
よくかんで　みんな　すんだら　ごあいさつ（ごちそうさま）

1番は食事の前に、２番は食後に歌い、みんなであいさつをできるようにしましょう。

おかえりの うた

●作詞／天野　蝶　●作曲／一宮道子　●編曲／矢田部 宏

元気よく
1. きょ ー う も た の し く
2. お り が み つ み き も
す み ま し た な か よ し こ よ し で か え り ま しょう せ ん せ い
か た づ け て お か え り お し た く で き ま し た せ ん せ い
さ よ な ら ま た ま た あ し た
さ よ な ら ま た ま た あ し
1.
2.
た
た

「せんせい さよなら またまたあした」で、先生と子どもがしぜんにおじぎができるようにしましょう。

だれにだって おたんじょうび

●作詞／一樹和美　●補作詞・作曲／上柴はじめ　●編曲／矢田部 宏

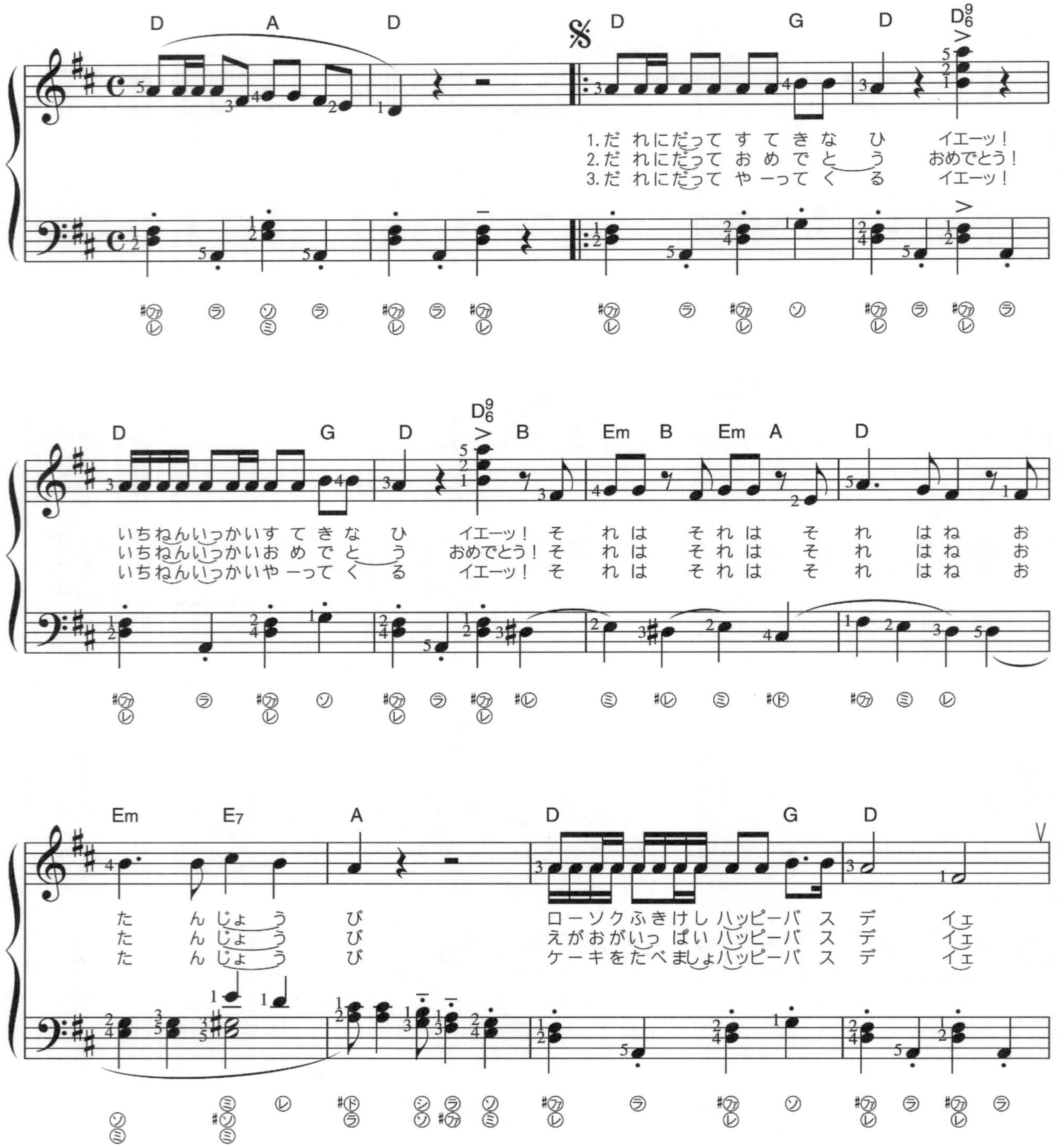
D A D
D G D D 9 6
1.だれにだって すてきな ひ イエーッ！
2.だれにだって おめでとう おめでとう！
3.だれにだって やーってくる イエーッ！
D G D D 9 6 B Em B Em A D
いちねんいっかいすてきな ひ イエーッ！ それは それは それはね お
いちねんいっかいおめでとう おめでとう！ それは それは それはね お
いちねんいっかいやーってくる イエーッ！ それは それは それはね お
Em E7 A D G D
たんじょうび ローソクふきけしハッピーバスデ イエ
たんじょうび えがおがいっぱいハッピーバスデ イエ
たんじょうび ケーキをたべましょハッピーバスデ イエ

D D7 G B Em A7 D Bm
キラキラかがやくすてきなひ きょうは○○○ちゃんのお
ワクワクまってたうれしいひ きょうは○○○ちゃんのお
みんなでいっしょにおいわいしましょう きょうは○○○ちゃんのお
Em A7 to 1.D 2.D D B Em
たんじょうび び
たんじょうび
たんじょうび
A D B Em A D B7
さあ
ミ Em D
いちがつうまれ (ハーイ 手拍子) にーがつうまれ
さんがつうまれ しーがつうまれ
ごーがつうまれ ろくがつうまれ
しちがつうまれ はちがつうまれ
くーがつうまれ じゅうがつうまれ
じゅういちがつうまれ じゅうにがつうまれ

1.~5.
6.
B
Em
(ハーイ　手拍子)
(ハーイ　手拍子)
みんなもってるみんなもってる
F♯m
G
E7
A
みんなもってるみんなもってる
たいせつなひ
D.S.
D G D B
Em A7
D
Bm
Em A7
D
びだれにだーってたんじょうび
おたんじょうび

184　お誕生日を迎えた子だけでなく、全員のお誕生日をお祝いできる歌です。お誕生会などで歌いましょう。

おめでとう たんじょうび

●作詞／高田三九三　●外国曲　●編曲／矢田部 宏

みんなうれしそうに
F Bb Gm F C7 F
mf
F Bb F C Bb C Bb F
ハッ ピ バース ディ ツゥ ユウ ハッ ピ バース ディ ツゥ ユウ ハッ ピ
おめ で とう たん じょう び おめ で とう たん じょう び お め
F Bb Gm F C7 F
バース ディ ディア ○ ちゃん ハッ ピ バース ディ ツゥ ユウ
で とう ○ ○ ちゃん おめ で とう たん じょう び

世界中で歌われている、有名な曲です。お誕生日の子の名前を入れて、みんなでお祝いしましょう。

おおきな くりの きの したで

●訳詞／不詳　●イギリス民謡　●編曲／矢田部 宏

C C G7 C C
おおきな
C C G7 C C C
くりの きのしたで あなーたと
F C C Em F
わたし なかよく あそびま
C C C G7 C
しょう おおきな くりの きのしたで

①おおきなくりの

両手で頭の上に円を作る。

②きの

両手を頭に当てる。

③した

両手を両肩に当てる。

④て

両手を下におろす。

⑤あなたと

右手の人さし指を出し、
相手を指さす。

⑥わたし

右手の人さし指で
自分を２回さす。

⑦なか

右手を左肩に
当てる。

⑧よく

左手を右肩に当て、
腕を交差させる。

⑨あそびましょう

体を左右に揺らす。

⑩おおきなくりの

①と同じ。

⑪きの

②と同じ。

⑫した

③と同じ。

⑬て

④と同じ。

リズミカルに歌いましょう。遊びによる身体表現を加えて歌うと楽しくなるでしょう。

とんとんとんとん ひげじいさん

●作詞／不詳　●作曲／玉山英光　●編曲／矢田部 宏

リズミカルに
C F B♭ F F
とん とん とん とん ひ げ じ い さん
C7 F
とん とん とん とん こ ぶ じ い さん
とん とん とん とん て ん ぐ さ ん
B♭ C7 F
とん とん とん とん め が ね さ ん
とん とん とん とん
C7 F
て を う え に
とん とん とん とん て は お ひ ざ

①とんとんとんとん

両手をグーにして、
上下交互にたたく。

②ひげじい

右手をグーにして、
あごの下につける。

③さん

左手もグーにして、
右手のグーにつける。

④とんとんとんとん

①と同じ。

⑤こぶじい

右手をグーにして、
右ほおにつける。

⑥さん

左手をグーにして、
左ほおにつける。

⑦とんとんとんとん

①と同じ。

⑧てんぐ

右手をグーにして、
鼻につける。

⑨さん

右手のグーに、
左手のグーをつける。

⑩とんとんとんとん

①と同じ。

⑪めがね

右手の人さし指と親指で輪を作り、
右目に当てる。

⑫さん

左手の人さし指と親指で輪を作り、
左目に当てる。

⑬とんとんとんとん

①と同じ。

⑭てをうえに

両手を上にあげる。

⑮とんとんとんとん

手のひらをこきざみに振りながら、
腕をおろす。

⑯てはおひざ

手のひらをひざに置く。

リズミカルに弾いて、楽しく遊びましょう。「手はおひざ」で次の活動に集中することができます。

むすんで ひらいて

●作詞／不詳　●作曲／J.J. ルソー　●編曲／矢田部 宏

①むすんで

両手を握り、
上下に軽く４回振る。

②ひらいて

手を開いて、
上下に軽く４回振る。

③てをうって

拍手を４回する。

④むすんで

手を握って、
３回上下に振る。

⑤またひらいて

②と同じ。

⑥てをうって

③と同じ。

⑦そのてをうえに

両手を開いて、
上にあげる。

⑧むすんで

①と同じ。

⑨ひらいて

②と同じ。

⑩てをうって

③と同じ。

⑪むすんで

④と同じ。

D.S.（ダル・セーニョ）で、𝄋（セーニョ）のところに戻って Fine（フィーネ）で終わります。「レガート」と「リズミカル」をはっきり分けて軽快に弾きましょう。

てを たたきましょう

●作詞／小林純一　●外国曲　●編曲／矢田部 宏

F C F C
わらいましょう アッハッハ わらいましょう アッハッハ
おこりましょう ウンウンウン おこりましょう ウンウンウン
なきーましょう エンエンエン なきーましょう エンエンエン
ミ ファ ミ ド ド ミ ファ ミ ド ド
F♯o G7 C Dm C G C
(指かえ)
アッハッハ アッハッハ ああおもしろい
ウンウンウン ウンウンウン ああおもしろい
エンエンエン エンエンエン ああおもしろい
♭ミ ラ ♯ファ レ シ ファ ミ ファ ソ ファ ミ ド

1～3番共通

①てを　たたきましょう
タンタン　タン
タンタン　タン

リズムに合わせて手をたたく。

②あしぶみしましょう
タンタン　タンタン
タンタン　タン

足踏みをする。

1番　③わらいましょう～

おなかをかかえて
笑うまねをする。

2番　③おこりましょう～

腕を組んで、
怒るまねをする。

3番　③なきましょう～

泣きまねをする。

元気に手拍子や足踏みをして楽しみましょう。振り付けを変えても楽しめるので、みんなで考えてみましょう。

エビカニクス

●作詞・作曲／増田裕子　●編曲／矢田部 宏

D
G
1.エブリバディ エビカニークスで エビカニークスで エビカニークスで
エビカニークスで エビカニークスで エビカニークスで
D
D7
おどっちゃおうエブリバディ エビカニークスで エビカニークスで エビカニークスで
おどっちゃおうエブリバディ エビカニークスで エビカニークスで エビカニークスで
G
C
レガート（なめらかに）
G
D
G
おどっちゃおう！ エビもカニも こうかくるい みためはとっても グロテスク
おどっちゃおう！ エビはやっぱり エビフライ カーニはやっぱり ゆでガニね
Fine

C G D D7
にっ ぽんじん なら だいすきさ ほら むきむき プリプリ おどろうー
もちろんなま でも いけるのよ もう たべだしーたなら とまらないー
ド ソ ミ ソ ド ソ ミ ソ ソ ソ レ ソ シ ソ レ ソ レ ラ #ファ ラ レ ラ #ファ ラ ド #ファ レ
Fine
D
ワン ツー スリー フォー エビ！ カニ！ エビ！ カニ！
レ ド シ ラ レ ラ シ ラ レ ミ #ファ ミ レ ラ シ ラ レ ミ #ファ ミ
D
エビ！ カニ！ エビ！ カニ！ エビ カニ エビ カニ Wow…. 2.エブ リ バディ
D.S.
8ba
レ レ ド ド シ シ ラ ラ レ レ レ レ レ

※振付けは次ページ

エビカニクス　振り付け＝ケロポンズ

（前奏・1小節）　～エブリバディ

①両手を打ち、ももあげしながら足踏みをする。

エビカニ　ークスて～エブリバディ

②右手をあげ、脇を伸ばして左側にたおします。
左も同じように。これを４回繰り返す。

エビ　カニ～

③両手を打ち、右ひざを上げて
両手をひらく。

ーク　スて～

④ ③を左足で同様にする。

エ　ビ　も　カニも

⑤両手を広げながら上体を前にたおして、体の前で両手を回しながら上体を起こします。

こうかく

⑥そのまま両手をひじのところで曲げて、開いた状態で、体を右にひねります。

るい　み　た　めは　とっても

⑦体を正面に戻す。

⑧ ⑤と同じ。

グロテス　ク

⑨体を左にひねります。

⑩体を正面に戻す。

にっぽんじんなら〜

⑪ ⑤〜⑩の動作を繰り返します。

ワン　ツー〜　エビ！　カニ！　Wow〜

⑫カウントダウンに合わせて右左と手をあげ、元気よく足踏みします。

⑬エビのように上体を前に曲げ、両手を突き出します。

⑭足をパッと開き、手をカニのようにチョキにします。残りの「エビ・カニ〜」も同じように。

⑮足踏みをしながら両手をあげ、「わ〜っ」とヒラヒラさせます。

エビとカニのエアロビクス、その名も「エビカニクス」です。しっかりと体を動かして楽しみましょう。D.S. で 𝄋 に戻って、「もうたべだしたなら とまらない」で終わります。

ねえねえー ママ

●作詞／まえだ のぶはる　●作曲／矢田部 宏

Allegretto ♩= 116
1. ね え ー ね え ー　マ マ ー ー　ぼく がう まれ た　ひ　に いちゃん ど うし て　た　ね え ー ね え ーっ た
2. ね え ー ね え ー　マ マ ー ー　にい ーちゃーん ー　も　マ マの お ち ちのん だ　の　ね え ー ね え ーっ た
3. ね え ー ね え ー　マ マ ー ー　にい ーちゃーん ー　も　たか いたか いしてってない た　の　ね え ー ね え ーっ た

A
Dm
G
C
ら
ら
ら
マ
マ
マ
マ
マ
マ
C
G7
C
f

ガンバリマンの うた

●作詞／ともろぎ ゆきお　●作曲／峯　陽　●編曲／矢田部 宏

元気よく
C Dm G7 C C Dm
1.ガンバリマンは がんばるさ
2.ガンバリマンは なかないさ
G F C F
ちっちゃくたって ちからもち ガンバリマンの あいことば
いじわるなんか するものか ガンバリマンが かたくんで
G C F C F C
みんななかまだ エイ!エイ!オウ! もとくんも サヤちゃんも

Dm G F C F
哲 ちゃん も よーっ とい で 美 保 ちゃん も
レ ラ ファ ラ レ ラ ファ ラ ソ レ ファ ド ミ ド ソ ド ファ ド ラ ド ファ ド ラ ド
C G C F C
マ ヤ ちゃん も み ん なな か ま だ エイ！ エイ！ オウ！
ミ ド ソ ド ミ ド ソ ド レ シ ソ シ ソ ファ レ ド ラ ファ ド ソ ミ ド

名前のところは、子どもたちの名前に変えて歌いましょう。「エイ！ エイ！ オウ！」と声をそろえて、元気いっぱいに楽しみましょう。

どんな いろが すき

●作詞・作曲／坂田　修　●編曲／矢田部 宏

♫=♩♪(3)
C D G C G G
どんな いろが すき (あか)
どんな いろが すき (あお)
G D C A G D♯o Em
あかい いろが すき いちばんさきに なくなるよ
あおい いろが すき いちばんさきに なくなるよ
A7 D G C G G
あかい クレヨン どんな いろが すき (きいろ)
あおい クレヨン どんな いろが すき (みどり)
D C A7 G D♯o Em
きいろ いいろが すき いちばんさきに なくなるよ
みどり いろーが すき いちばんさきに なくなるよ

A7 D G C G G C A♭
きいろいクレヨン ー いろ いろ いろ いろ
みどりのクレヨン ー
D 1.G D G 2.G E♭7 A♭
いろんないろがある ーー る どんないろがすき (ぜんぶ)
A♭ E♭ D♭ B7 A♭ C Fm
ぜんぶのいろがすき みんないっしょになくなるよ
B♭m E♭ A♭ B♭m E♭ A♭ D♭ A♭
ぜんぶのクレヨン ー ぜんぶのクレヨン ー

体を揺すりながら、スウィングのリズムで歌いましょう。前半はト長調、後半は半音上げて変イ長調です。

うんどうかいの うた

●作詞／小林久美　●作曲／峯　陽　●編曲／矢田部 宏

C F C G Dm G7 C
C F C G
1. 運 動 会 だ チャッ チャ チャ チャ す て き だ チャッ チャ チャ チャ
2. 運 動 会 だ チャッ チャ チャ チャ な か よ く チャッ チャ チャ チャ
C F C G C
が ん ば れ チャッ チャ チャ チャ よ わむしな んーか い るもんか
み ん な で チャッ チャ チャ チャ と うさんか あさん お うえんだ

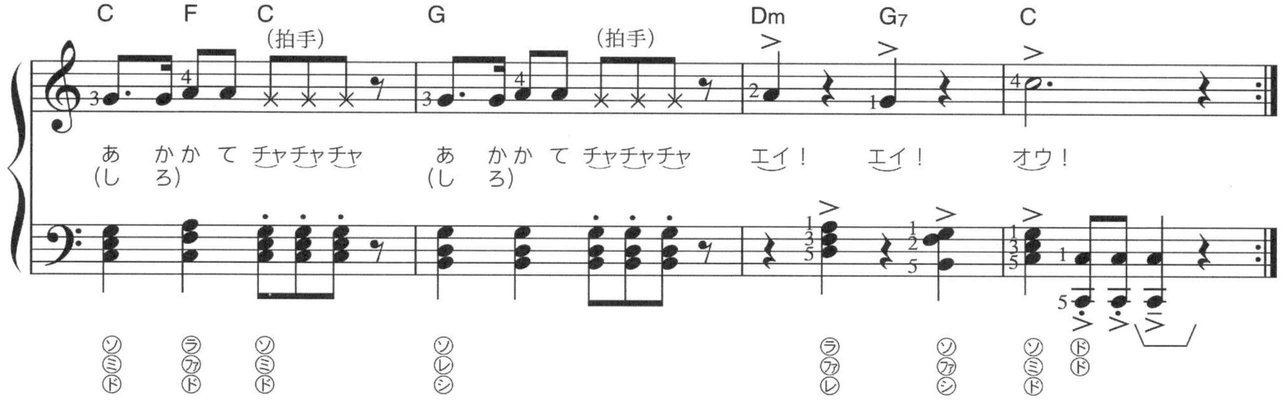
C F C G Dm G7 C
(拍手) (拍手)
あ かか て チャチャチャ あ かか て チャチャチャ エイ！ エイ！ オウ！
(し ろ) (し ろ)
ソミド ラファド ソミド ソレシ ラファレ ソファシ ソミド ドド

「チャッ チャ チャ チャ」で手をたたきましょう。13・14小節目の「チャ チャ チャ」は、声を出さないで手拍子だけ。「エイ！ エイ！ オウ！」は、力をこめて元気よく歌いましょう。

うれしい ひなまつり

●作詞／サトウ ハチロー ●作曲／河村光陽 ●編曲／矢田部 宏

典雅な気分で
G
Cm
Fm Cm G Cm
Cm
Fm G
1.あ か り を つ け ま しょ ぼ ん ぼ り に
2.お だ い り さ ー ま と お ひ な さ ま
3.き ー ん の びょ う ぶ に う つ る ひ を
Cm
G
Cm
お は な を あ げ ま しょ も も の は な ご ー に ん ば や ー し の
ふ ー た り な ら ん で す ま し が お お よ め に い ら ー し た
か す か に ゆ ー す る は る の か ぜ す ー こ し し ろ ー ざ け

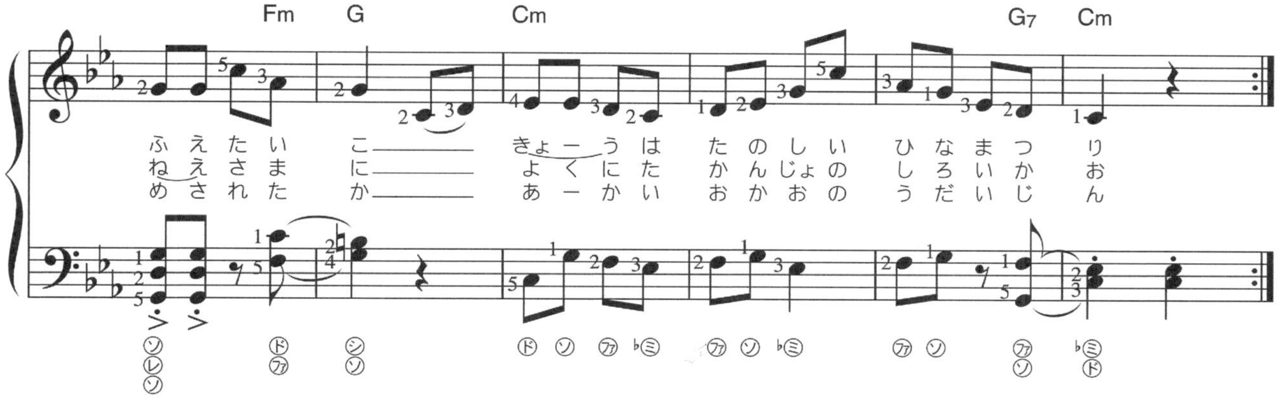
Fm G Cm G7 Cm
ふ え た い こ きょ ー う は た の し い ひ な ま つ り
ね え さ ま に よ く に た か ん じょ の し ろ い か お
め さ れ た か あ ー か い お か お の う だ い じ ん

3月3日はひな祭り。日本情緒をたっぷり出して、優しく歌いましょう。

やまの おんがくか

●作詞／水田詩仙　●ドイツ民謡　●編曲／矢田部 宏

たのしそうに
F C F Dm B♭6 C F C
1. わたしゃおん
じょうずにヴァ
2. わたしゃおん
じょうずにフ
ファ ラ ド　ド ソ ド　ファ レ ♭シ ド　ファ ド ファ　ファ ラ ド ミ
F B♭ F C7 F F
がくかやまのこりす
イオリンひいてみましょう
がくかやまのことり
ルートふいてみましょう
1. キュキュ キュッキュッキュッ キュキュ
2. ピピ ピッピッピッ ピピ
ファ ソ ラ ♭シ ド　♭シ ミ ド　ラ ファ ド ファ　ファ ラ ド
C F C F Dm B♭6 C F
キュッキュッキュッ キュキュ キュッキュッキュッ キュキュ キュッキュッキュッ いかーがです
ピッピッピッ ピピ ピッピッピッ ピピ ピッピッピッ いかーがです
ド ソ ド　ファ ラ ド　ド ソ ド　ファ レ ♭シ ド　ファ ド ファ

ヴァイオリンやフルートを演奏している動作をして、楽しみましょう。

ふしぎな ポケット

●作詞／まど・みちお ●作曲／渡辺 茂 ●編曲／矢田部 宏

♩= 112
ポ ケッ ト の な か に は ビス ケッ ト が ひ と つ ポ ケッ ト を た た く と ビス ケッ ト は ふ た つ
も ひ と つ た た く と ビス ケッ ト は み ーっ つ た た い て み る た び ビス ケッ ト は ふ え る
そ ん な ふ し ぎ な ポ ケッ ト が ほ し い
そ ん な ふ し ぎ な ポ ケッ ト が ほ し い

「そんなふしぎな…」からは、ゆっくりと弾き、曲の雰囲気を変えてみましょう。

ぼくの ミックスジュース

●作詞／五味太郎　●作曲／渋谷　毅　●編曲／矢田部 宏

1.おはようさーんの　おおごえと　キラキラキラ　の　おひさまと　それにゆう　べの　こわいゆめ　みんなミキサーにぶちこんで　あさは
2.ともだちなかよし　うたごえと　スカーッとはれた　おおぞらと　それにけんかの　べそーっかき　みんなミキサーにぶちこんで　ひるは
3.あのねーそれでねの　おはなしと　ほんわかおふろ　の　いいきもちと　それにひざっこぞうの　すりきずを　みんなミキサーにぶちこんで　よるは

G C D
ミックスジュース ミックスジュース ミックスジュース
ミックスジュース ミックスジュース ミックスジュース
ミックスジュース ミックスジュース ミックスジュース
G G7 C Cm D G
こいつをググーッと のみほせば きょうはいいこと あるかもね
こいつをググーッと のみほせば なんでもかんでも いいちょうし
こいつをググーッと のみほせば あとはぐーっすり ゆめのなか
(指かえ、すばやく)
D.C.

「ミックスジュース」からは、ニ長調からト長調に転調します。気分を変えてリズミカルに歌いましょう。

しあわせなら てを たたこう

●作詞／木村利人　●アメリカ民謡　●編曲／矢田部 宏

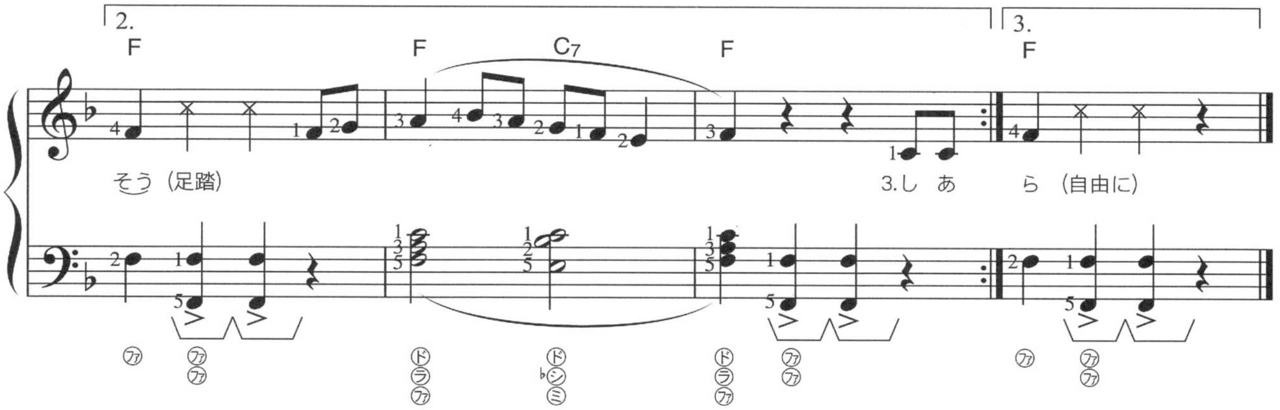

3番の「自由に」のところは、頭の上に手を挙げたり、くるっと回ったりと動作をつけて楽しみましょう。

ホ！ ホ！ ホ！

●作詞／伊藤アキラ　●作曲／越部信義　●編曲／矢田部 宏

楽しく、はずんで
D
Bm
G
A
D
Bm
たのしいメロディー　わすれたときはー
あいたいひとにー　あいたいときはー
Em
A7
D
よんでみようよー　あおぞらにー
よんでみようよー　そのなまえー

D Bm
ホ ホ ホ ホ ユ レユ レユ レユ レ ホ ホ ホ ホ ユ レユ レユ レユ レ
ホ ホ ホ ホ ユ レユ レユ レユ レ ホ ホ ホ ホ ユ レユ レユ レユ レ
Em D C♯7 F♯m A7
か えーっ て く る よー あ の メ ロ ディー がー
か えーっ て く る よー あ の ほ ほ え み がー
D Bm
ホ ホ ホ ホ ユ レユ レユ レユ レ ホ ホ ホ ホ ユ レユ レユ レユ レ
ホ ホ ホ ホ ユ レユ レユ レユ レ ホ ホ ホ ホ ユ レユ レユ レユ レ
1. 2.
Em E♯o D G7 D D96
よ んで み よ う よー あ お ぞ ら に ー ー
よ んで み よ う よー そ の な ま え

この歌はブルースの要素を取り入れていて、言葉を強調しています。「ホホホホ」「ユレユレ…」のところは自由に体を動かして、楽しく愉快に歌いましょう。

わらいごえって いいな

●作詞・作曲／田山雅充　●編曲／矢田部 宏

D Em G Em
おにいちゃんが イッ ヒッ ヒッ おかあさんが ウッ フッ フッ
うまがわらう イッ ヒヒヒヒ ヒーン ぶたがわらう ブー ブー ブー
D G F♯m Bm A
おねえちゃんが ー エッ ヘッ ヘッ おとうとも わらうー オホホホホ
やぎがわらう ー メ メェ メェ パンーダも わらうー オホホホホ
1. A5♯ D Em A7 D 2 A5♯
ホ ん? うそっ! うそっ!
ホ ん?
D.S.
D A7 D
よ うれしくなーっちゃう よ

大きな声でいろいろな笑い声を表現してみましょう。ほかの動物に変えて、アレンジも楽しんでみてください。

たのしいね

●作詞／山内佳鶴子　●補作詞・作曲／寺島尚彦　●編曲／矢田部 宏

F B♭ C F
f
ファ ド ファ ラ ♭シ ♭シ ミ ソ ド ♭シ ラ ファ ミ レ ド
F B♭ C F
mf
1. た のしいー ね (手拍子) りょう て をあわす と (手拍子)
2. た のしいー ね (ラ ラ ラン) くー ち をあける と (ラ ラ ラン)
3. ラン ララン ラ ラ ラン (ラ ラ ラン) ラ ラ ラン ララン ラ ラ ラン (ラ ラ ラン)
ファ ド ファ ラ ♭シ ♭シ ミ ソ ド ミ ファ ミ レ ド
F B♭ C F
た のしいー ね (手拍子) パチ ン とおとがす る (手拍子)
た のしいー ね (ラ ラ ラン) いろ ん なこえがで る (ラ ラ ラン)
ラン ララン ラ ラ ラン (ラ ラ ラン) ララ ラ ラララララ ラン (ラ ラ ラン)
ファ ド ファ ラ ♭シ ♭シ ミ ソ ド ♭シ ラ ファ ファ ド ♭シ ソ

あなたのみぎて わたしのひだりて あわせてみよう (ほらね)
あなたのこえと わたしのこえを あわせてみよう (ほらね)
みんなでてびょうし みんなでうたおう あわせてみよう (ほらね)
ぐーっとすてきな おとがする ぐーっとあかるい おとがする
ぐーっとすてきな うたになる ぐーっとあかるい うたになる
ぐーっとたのしい おとがする ぐーっとたのしい うたになる
1.2.
おとがする
うたになる
3.
うたになるヘイ

手拍子と「ラララン」は、リズミカルに元気よく。レガートやアクセントに注意してメリハリをつけて楽しく歌いましょう。

ちいさな せかい

※ Disney 楽曲の出版使用上の制限により、当ページのデザインを一部変更しています。

●作詞・作曲／R・M・シャーマン、R・B・シャーマン　●日本語詞／若谷和子

元気よく
G C D7 G
mf
ソ レ シ レ　ソ レ シ レ　ミ ド ソ ド　ミ ド ソ ド　#ファ ド ラ ド　レ ド ラ ド　ソ レ シ レ
G D7 G
1.せ か い じゅ う ど こ だ ーっ て わ ら い あ り な み
い じゅ う だ れ だ ーっ て ほ ほ え め ば な か
シ ソ　ソ シ レ シ　ソ シ レ シ　ラ ド レ ド　ラ ド #ファ ソ　ラ レ #ファ レ　ラ レ シ
C G Am C G D7
だ あ り み ん な そ れ ぞ れ た す け あ う ち い さ な
よ し さ み ん な わ に な り て を つ な ごう ち い さ な
ド ソ シ ソ　シ ソ ソ ラ　シ ソ シ ド　レ ソ ド シ　ド ラ ド レ　ミ ド レ ド　シ レ ラ レ

G D G D
せ か い ー せ か い は せ ま い
せ か い ー
G G7 C
せ か い は お な じ せ か い は ま る
(指かえ)
Cm G D7 G 1. 2. G
い ただ ひ と つ ー 2.せ か ー
G7 C Cm G D7 G

2/２拍子の軽快なリズムです。元気よく歌いましょう。

ぼくは おばけ（三木露風賞第１回新しい童謡コンクール 優秀賞）

●作詞／小春久一郎　●作曲／矢田部 宏

ユーモラスに ♩=100
F F#o Gm Am Gm C C7 F
f
rit.
F F♭6 Cm F Fm6
f
ぼ く は お ば け う まれ たと きか ら
ぼ く は お ば け お ばけ がう らや む
Cm F C
mp
お ばけ あ たま のう えか ら あ しー のさ きま で
お ばけ よ こか らみ ても ー う えか らみ ても ー

F F♯° C7 B♭ Gm
お ば け しょう しん しょう めい の
お ば け けっ とう しょ つき の
Am C7 F B♭ Am Gm F
お ば け だ け ど どうしてか こわくない おばけ
お ば け だ け ど どうしてか こわくない おばけ
Gm F° F G7 B♭ C7 Fsus4 F Am F♯°
rit.
軽快に、リズミカルに ♩=100
8va
いじめられてしこしこ ないてるおばけ ちち んぷいぷい ちち んぷい
ばかにされてちまちま すねてるおばけ ちち んぷいぷい ちち んぷい

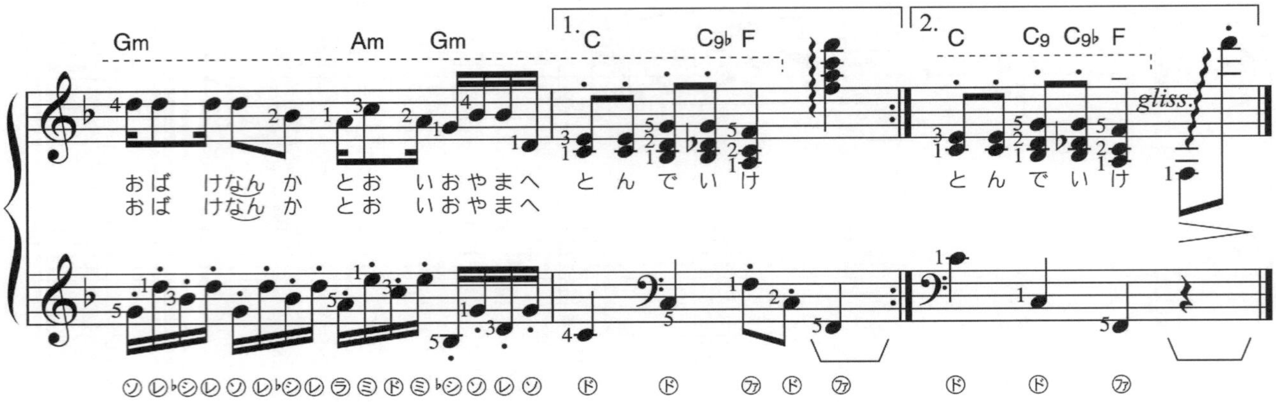
Gm Am Gm
1. C C9♭ F
2. C C9 C9♭ F
gliss.
おば けなん か とお いおやまへ とんでいけ
おば けなん か とお いおやまへ
とんでいけ

少しこわい声で、ユーモラスに歌うと雰囲気がでます。おばけに扮装して、ちょっとかっこつけて歌ってみましょう。

こどもの ゆめを（第１回ふるさと音楽賞 日本創作童謡コンクール 優秀賞）

●作詞／藤　哲生　●作曲／矢田部 宏

Moderato ♩=92
A C♯ Bm F♯m7 D D♯° A E7 A
con Ped.
AM7 DM7 Bm A D B E
1.ふ ゆ か ら は る が　う ま れ て る
2.ま つ り ば や し が　き こ え て る
3.や ま か ら や ま が　つ づ い て る
A C♯ Bm F♯m7 D F♯ Bm F°
ふ る さ と の　た ん ぼ み ち　き せ つ の た よ り　と ど け て く れ た
ふ る さ と の　な つ ま つ り　こ ど も の ゆ め を　つ つ ん で く れ た
ふ る さ と の　と う げ み ち　た の し い ゆ め を　は こ ん で く れ た

A E7 A D E A C♯
Allegretto ♩= 108
mp
たんぼみち れんげ たんぽぽ ふきのとう
なつまつり はなび わたがし かきごおり
とうげみち あけび やまぐみ やまぶどう
F♯m E♯o F♯m D D♯5♭7
f
かご いーっぱいに くさのいろ くさの にお
むら いーっぱいに まつりのひ まつりの ふ
くち いーっぱいに やまのあじ やまの にお
E F♯m E A A♯o
p cresc.
い いまも いまも いまも
え いまも いまも いまも
い いまも いまも いまも

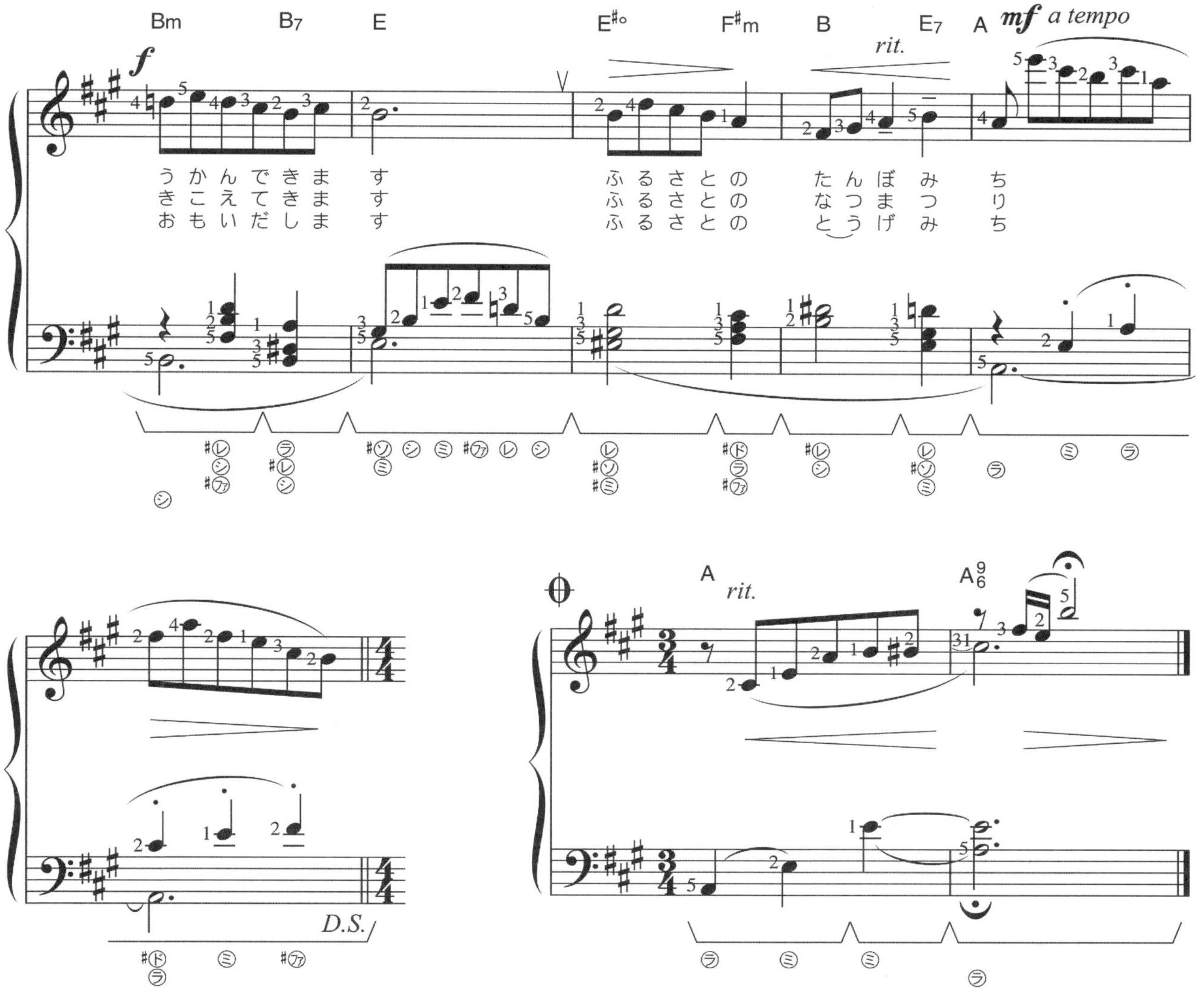
Bm B7 E E♯o F♯m B E7 A
f
rit.
mf a tempo
うかんできます ふるさとの たんぼみち
きこえてきます ふるさとの なつまつり
おもいだします ふるさとの とうげみち
D.S.
A A$^{9}_{6}$
rit.

にじの はし わたる（第１回 日本の子どもふるさと大賞 創作童謡の部 最優秀賞）

●作詞／小春久一郎　●作曲／矢田部 宏

Amsus4 Am F B♭ Am Am7
mf mp
きんぎょー にじがきえーてーも
ふうりーん にじがきえーてーも
とうふうー にじがきえーてーも
con Ped.
ラ ソ ファ ド ♭シ ラ ♭シ ド レ ミ ラ ドミドファドミド ソ ラドラミラドラ
F B♭ F Csus4 C
f
こえだけわたーる ファラレドファ きんぎょえー
こえだけわたーる ふうりーん
こえだけわたーる とうふうー
ファ ファ ミ レ ♭シ ド レ ミ ファラドレ ファソラレ ド ♭シ
Asus4 Am F B♭ Am F♯°
mf mp
きんぎょー
ふうりーん
とうふうー
ラ ソ ファ ド ♭シ ラ ♭シ レ ♭レ ラドミラド ソ ♯ファドミ♯ファラ♯ファラド

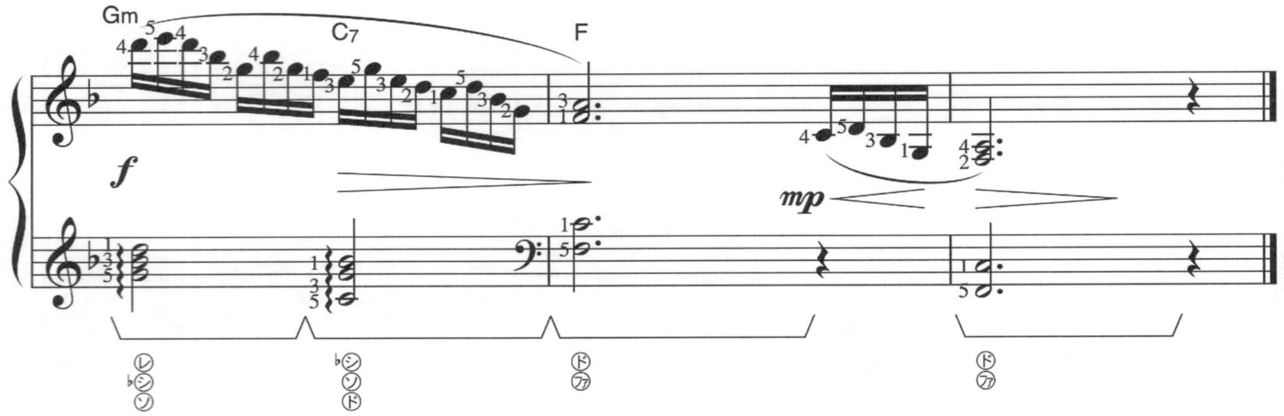

金魚やさんや風鈴やさんなど、昔なつかしい物売りの声をまねて元気よく歌いましょう。

せかいじゅうの こどもたちが

●作詞／新沢としひこ　●作曲／中川ひろたか　●編曲／矢田部 宏

Swing　体をゆらしながら、楽しく歌いましょう
G　D7　G
せかい
G　Em　Am
じゅう のこ ども たち が いちど に わ らーっ たら そらも
じゅう のこ ども たち が いちど に な ーい たら そらも
じゅう のこ ども たち が いちど に う たーっ たら そらも
sempre stacc.
D　G　C　D　to Φ　1. G
わ ら う だ ろ う ラララ う みも わら う だ ろう せかい
な ー く だ ろ う ラララ う みも なく だ ろ
う た う だ ろ う ラララ う みも うた う だ
2. G　B　Em　A
う ひろ げ よ う ぼ く ら の ゆ め を とど け よ う ぼ く ら の

D B Em A7
こ え を さ か せ よ う ぼ く ら の は な を せ か い に に じ を か け
D G G
よう せかい ろう ラ ラ ラ ラ ラ ラ ララ ラ ラ ラ ラ ラ ラ
D.S.
stacc.
Em Am D
ラ ラ ラ ララ ラ ラ ラ ラ ラ ラ ラ ラ ラ ラ ラ ラ ラ ラ
C D 1. G 2. G Am D7
ラ ララ ララ ラ ラ ラ ラ ラ ラ ラ ラ ラ ラ ラ ラ ラ ラ ラ ラ ラ

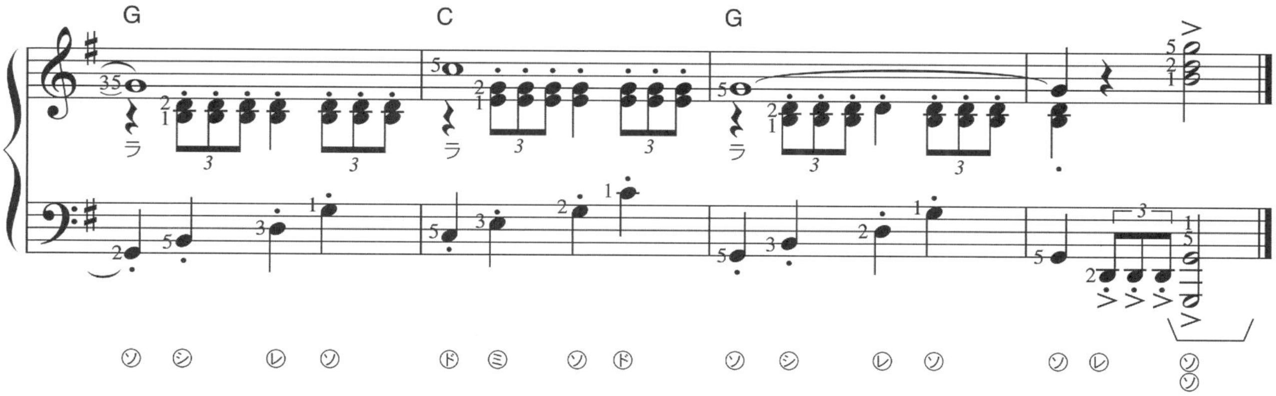

左手のスタッカートは弾みをつけてリズミカルに、右手はなめらかに弾きましょう。

もりの くまさん

●作詞・作曲／馬場祥弘　●編曲／矢田部 宏

あかるく、たのしく
C F F#o C G#o Am G C G C C F
mf mp mf
ド ミ ソ ド ファ ラ ド ラ #レ #ファ ミ ソ レ #ソ ド ラ レ シ
ド ソ ミ ド ソ #ファ ソ ミ ミ #レ ミ ド
ミ レ ド レ ソ ラ ソ ミ ド ド ミ ミ ド ソ ミ ソ ファ ラ ド ラ
1.あるー ひ もりのなか くまさんに であーった はなさくもりのみち
の いうことにゃ おじょうさん おにげなさい スタコラサッサッサのサ
が くまさんが あとから ついてくる トコトコトッコトッコト
ん おまちなさい ちょーっと おとしもの しろいかいがらの
さん ありがとう おれいに うたいましょう ララララララララ

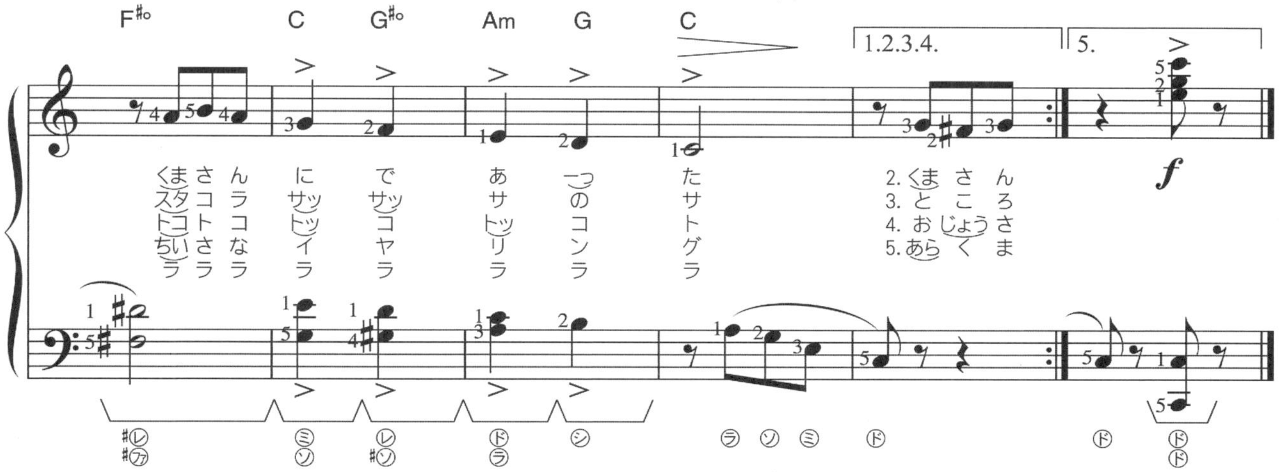

2グループに分かれ、前半を輪唱の形式にしても楽しめます。「はなさく もりのみち」からは、みんなで声を合わせて歌いましょう。

いとまき

●作詞／不詳　●外国曲　●編曲／矢田部 宏

①いとまきまき　いとまきまき

かいぐりをする。

②ひいてひいて

横にこぶしを引っ張る。

③とんとんとん

胸の前で、こぶしを３回
上下交互に合わせる。

④いとまきまき　いとまきまき

①と同じ。

⑤ひいてひいて

②と同じ。

⑥とんとんとん

③と同じ。

⑦じょうずにできた
きれいにできた

手拍子をする。

いろいろな歌詞で親しまれている手遊び歌です。スタッカートとレガートをはっきりさせて、リズミカルに楽しみましょう。

むっくり くまさん

●作詞／志摩 桂　●スウェーデン民謡　●編曲／矢田部 宏

F Gm F F C
むっ く り く ま さん むっ く り く ま さん
F C7 F F F C7 C
あ な の な か ねむーっ て い る よ ぐう ぐう ね ご と を いーっ て
C7 F F C F C F
むにゃ むにゃ め を さ ま し た ら め を さ ま し た ら た べ ら れ ちゃ う よ

①むっくりくまさん　むっくりくまさん
あなのなか

手をつないで「かごめかごめ」のように輪になり、クマ役のまわりを歌いながら歩く。クマは寝ている。

②ねむっているよ　ぐうぐう
ねごとをいって　むにゃむにゃ

クマを起こさないように、ゆっくりと近づいたり、離れたりする。

③めをさましたら　めをさましたら　たべられちゃうよ

輪になったまま歩く。クマは目を覚ましだす。

（歌が終わったら…）

「クマさん、今の季節はなーに？」とみんなの前で問いかける。春以外の季節なら、そのままでもう一度問いかける。

クマが「春」と答えたら、クマは子どもたちを追いかける。クマにつかまった子どもが、次のクマ役になる。

冬眠について話をしたあとにピッタリの遊びです。人数に応じて、クマ役の数を調整してください。

ぞうさんと くものす

●作詞・作曲／不詳　●編曲／矢田部 宏

1.～5.ひ と り の ぞう さん　く も の す に
（２番からは、ふたり、さんにんと増やす）
か かーって あ そ ん で　お り ま し た 1.～4.あん　ま り お も し ろ　か──っ た の で
5.あん　ま り お も た く　な──っ た の で
も ひ と り お い で と　よ び ま し た
い ー と が ぷ つ ん と　き れ ま し た

1番 ①ひとりのぞうさん
くものすに

片手はパーに、もう片手は１本指を立てる。

②かかって
あそんでおりました

１本指を、もう片方の手の親指から小指まで、沿うように滑らせる。

③あんまり
おもしろかったので

手拍子を７回。

④もうひとりおいでと
よびました

両手で手招きをする。

2番 ふたりのぞうさん～

２本指で

3番 さんにんのぞうさん～

３本指で

4番 よにんのぞうさん～

４本指で

5番 ③あんまりおもたくなったので

手拍子を７回。

④いとがぷつんと　きれました

手を組み合わせ、「ぷつん」で離す。

一人ずつつながっていく集団遊びとしても楽しめます。

クモの巣がだんだん重たくなっていくようすを、歌や動きで表現しながら楽しみましょう。

げんこつやまの たぬきさん

●わらべうた　●編曲／矢田部 宏

Am Em Am Em Am Am Em Am Em Am
せっ せっ せ の ヨイ ヨイ ヨイ
Am Em Am Em Am Em
げん こ つ や まの た ぬき さ ん おっ ぱ い の んで
Am Em Am Em Am Em Am
ね ん ね し て だっ こし て おん ぶ し て ま たあ し た

①げんこつやまの　たぬきさん

握りこぶしを作り、左右交互に重ねる。

②おっぱいのんで

口元でおっぱいを飲むしぐさをする。

③ねんねして

左右の手を合わせ、左ほおと右ほおに順番に当てる。

④だっこして

赤ちゃんを抱っこするしぐさをする。

⑤おんぶして

おんぶするしぐさをする。

⑥またあした

かいぐりをし、「た」でジャンケンをする。

「ラド」と「ミソシ」の２つの和音による陽旋法のわらべうたです。遊びながら楽しく歌いましょう。

バスに のって

●作詞・作曲／谷口國博　●編曲／矢田部 宏

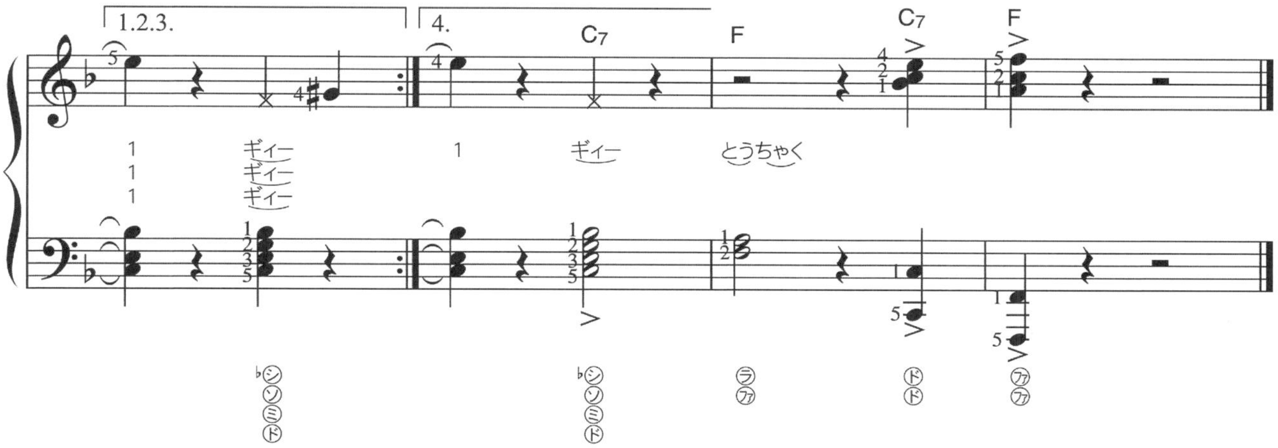

①バスにのって　ゆられてる

ハンドルを握って体を揺らす。

②ゴー！ ゴー！

片手のこぶしを２回高くあげる。

1番 ③そろそろ　みぎに
まがります　ギィ～

体を右に傾ける。

2番 ③そろそろ　ひだりに
まがります　ギィ～

体を左に傾ける。

3番 ③そろそろ　ガタゴトみちです
ギィ～

体を激しく揺らす。

4番 ③そろそろ　とまります
ギィ～

体をじゃっかん反らして、
ブレーキがかかったようにする。

バスに乗った気分で、元気よく歌いましょう。みんなでつながって遊んでも盛り上がります。

かもつれっしゃ

●作詞／山川啓介　●作曲／若松正司　●編曲／矢田部 宏

遊び方

電車や汽車のつもりになって、歌いながら移動します。
「ガチャン」の後に、近くの友達とジャンケンをし、負けたら後ろにつながります。
回を重ねて、どんどん長い列車にしていきましょう。

子どもも大人もいっしょに楽しめる遊びです。親子遊びや運動会でしてみてもいいですね。

おちゃらか ホイ

●わらべうた　●編曲／矢田部 宏

陽旋法のためコードネームはつけない

ミ ラ ミ ラ ミ ラ ラ
お ちゃ ら か お ちゃ ら か お ちゃ ら か ホイ
ミ ラ ミ ラ ミ ラ ラ
お ちゃ ら か
かっ た よ
ま け た よ
あ い こ で
お ちゃ ら か ホイ
ミ ラ ミ ラ ミ ラ ラ

①おちゃ

自分の手のひらを打つ。

②らか

右手で相手の左手のひらを打つ。

③おちゃらか　おちゃらか

①②を２回繰り返す。

④ホイ

ジャンケンをする。

⑤おちゃらかかったよ（まけたよ）

勝ったら両手をあげてバンザイをする。
負けたら泣くまねをする。

⑥おちゃ

①②を２回繰り返す。

⑦らか

⑧ホイ

④と同じ。その後、⑤〜⑧を繰り返す。

（あいこなら…）

あいこの場合は、２人とも胸で両手を組む。

ふたり組で楽しむジャンケン遊びのわらべうたです。「勝った」「負けた」の振り付けはアレンジしても楽しめます。

パンダ うさぎ コアラ

●作詞／高田ひろお　●作曲／乾　裕樹　●編曲／矢田部 宏

元気よく、はずんで
D Em D A7 D
ラ #ファ レ
ソ ミ
#ファ レ ラ
ソ #ド ラ
#ファ レ
レ レ
D A
おい でおい でおい でおい で パンダ (パンダ) おい でおい でおい でおい で
ラ #ファ レ
ラ ミ #ド
A D
うさぎ (うさぎ) おい でおい でおい でおい で コアラ (コアラ)
ラ ミ #ド
ラ #ファ レ

Em A D D
(間奏)
パンダ うさぎ コアラ
G A7 D D
パンダうさぎコアラ (パンダうさぎコアラ)
Em D
パンダうさぎコアラ (パンダうさぎコアラ) パンダうさぎコアラ
Em A 1. D 2. D
(パンダうさぎコアラ) パンダ うさぎ コアラ コアラ

①おいておいておいておいて

両手を前に出して、上下に振る。

②パンダ

親指と人さし指で輪を作り、目に当てる。

③おいておいておいておいて

①と同じ。

④うさぎ

両手を上にあげて、ウサギの耳を作る。

⑤おいておいておいておいて

①と同じ。

⑥コアラ

両手で抱えるような格好をする。

⑦パンダ

②と同じ。

⑧うさぎ

④と同じ。

⑨コアラ

⑥と同じ。

⑩おいて～コアラ

①～⑨を繰り返す。

⑪パンダうさぎコアラ

リズムに合わせて②④⑥の動作を繰り返す。

大人数でも楽しめる手遊びです。動きを楽しみながら軽やかに歌いましょう。

なべ なべ そこぬけ

●わらべうた　●編曲／矢田部 宏

陽旋法のためコードネームはつけない

な べ な べ
ラ ミ ラ ミ ラ ミ ラ ラ ミ ラ ミ
そ こ ぬ け そ こ が ぬ け た ら か え り ま しょ
ラ ミ ラ ミ ラ ミ ラ ミ ラ ミ ラ

1回目

①なべなべそこぬけ　そこがぬけたら

向かい合って両手を取り、左右に振る。

②かえりましょ

両腕を回して、背中合わせになる。

2回目

なべなべそこぬけ　そこがぬけたら
かえりましょ

背中合わせになりながら左右に振り、
「かえりましょ」ではじめに戻る。

日本の陽旋法による「わらべうた」です。保育参観や集会でも楽しめます。

アルゴリズムたいそう

●作詞／佐藤雅彦・内野真澄　●作曲／佐藤雅彦研究室　●編曲／矢田部 宏

con brio ♩=138（生き生きと、リズミカルに）
C F
A F C7
こっちむいてふたりでまえならえ
1. F C F
2. F C F
B B♭ Gm
あっちむいてふたりでまえならえ
まえならえ
てをよこに
Am F Gm C7 F Gm G♯o Am B♭ Gm
あらあぶない
あたまをさげればぶつかりません
てをよこに

Am F Gm C7 F
あ らあ ぶない あ たま をさ げれ ば だ いじょ う ぶ
C
F C7 F C7 F
ぐるぐるぐる ぐるぐるぐる ぐー る ぐ る ぐるぐるぐる ぐるぐるぐる ぐー る ぐ る
♩= 168（少し速く）
D
F Gm C F C F
ぱっ ちん ぱっ ちん ガ シ ン ガシン ぱっ ちん ぱっ ちん ガ シ ン ガシン
♩= 138
A'
F Gm C F C7 F
すっ て は く の が し ん こ きゅ う すっ て は く の が し ん こ きゅ う

大きく体を動かして楽しみます。A・B・C・Dで曲調が変わっているので、注意しましょう。

もったいないばあさんおんど

●作詞／真珠まりこ　●作曲／中川ひろたか　●編曲／矢田部 宏

F
Dm7
G7
C
C
Am
G
もっ たい ない こ と し てな いかい
もっ たい ない こ と し てな いかい
C
Em
Am
F
Dm7
G7
もっ た いない
もっ た いない
もっ たい ない こ と し て な い

C C Am C
か ― い
おさらのー うえの たべの こし
じゃあじゃあお みずの だしっぱ なし
F G C Am
ちゃわん にー ついた ごはん つぶ
わたし がた べて も いいの かい ぱく
かみ をまるめて ぽいぽ いぽい
みかん の かわ も すてる のかい もーっ
F Dm7 G7 C
ぱく ごくごく ぺろぺ ろり ― ん
たいない ばあさん くるよ

絵本『ＣＤブック もったいないばあさん音頭』（作、絵、作詞・真珠まりこ／作曲・中川ひろたか　講談社・刊）が発行されています。
絵本には振り付けも掲載されていて楽しく踊れます。“もったいない”という言葉を子どもたちに、歌や遊びから伝えていけるといいですね。

がけの うえの ポニョ

●作詞／近藤勝也 ●補作詞／宮崎 駿 ●作曲／久石 譲 ●編曲／矢田部 宏

C F B♭ F
ポー ニョポ ーニョポニョ さかなのこ あ
C7 C♯o Dm F G B♭ C F B♭ Am Dm
おいうみから や ーーってきた ポー ニョポ ーニョポニョ ふくらんだ まん
Gm F C F F
まるおなかの おんなの こー
F C F C F
ペー タ ペ タ ピョ ンピョン

F7 B♭ Gm5♭ Csus4 C F C C7 F
あ し っていいな かけちゃおー！ ニーギニギ ブーンブン
F♭ B♭ C C7 F C C♯o Dm F
おててはいいな つないじゃおー！ あのことはねると
(𝄋) いーっしょにわらうと
B♭ B♭m C A Dm Am B♭ B♭m
こころもおどるよ パークパククチュッギュッ！ パクパククチュッギュッ！
ホッペがあついよ ワークワククチュッギュッ！ ワクワククチュッギュッ！
F C7 Dm Am B♭ F C7
あのこがだいすき まーっかーっかの
あのこがだいすき まーっかーっかの

F B♭ F C C♯o Dm F G B♭ C
ポーニョポーニョポニョ さかなのこ あおいうみから やーーってきた
ポーニョポーニョポニョ さかなのこ がけの(𝄾)うえに やーーってきた
to 𝄌 (２回目は𝄌にとぶ)
F B♭ F Dm Gm F C7 F
ポーニョポーニョポニョ ふくらんだ まんまるおなかの おんなのこー
ポーニョポーニョポニョ おんなのこ まんまるおなかの げん
F C F C F C
F Dm7 Gm C7 F E♭ F7 Gm C7

フー ク フ ク　いい に お い　お なか が す い た　た べ ー ちゃお！
よー く よ く　み て み よ う　あ のこ も きーっと　み て ー い る
D.S.
（D.S.で𝄋記号に戻る）
き な　こ ー

振り付けも交えながら、楽しく歌いましょう。

かつおぶしだよ じんせいは

●作詞／高田ひろお　●作曲／佐瀬寿一　●編曲／矢田部 宏

Intro 演歌風に、楽しく
C
Am
Dm
G
C
F
C
(子ども)
ねこ
A
C
Am
Dm
に　うまれてよかーったよ　きままにいきて
に　うまれてしあわせよ　のーっぴきならね

B 𝄋 (大人)
Dm G C Am
もだれももんくはいわないよまいにちまいにち
えいやなよのなかみてきたよなにかをなにかを
(𝄋)こいするこいする
Am Em7
ねこのてをかりたいなんてにんげんーは
ねだるときねこなでごえでにんげんーは
はるがくるこころもにわもはながさーく
Am Dm C E
gliss.
エ———いそがしーそーうにしてるけど
エ———(𝄒)ねこのまねーしてすりよるよ
エ———「かつぶしいーっしょにたべようね」

C Rubato (♩=60)
Am7
N.C. (子ども)
N.C.
rit.
Tempo I
D (子ども・大人)
C
かしてくれよと たのんでこなーい
やめておくれよ おいらのまねーを
きょうもタマちゃん かきねでさそーう
(𝄋)それで それで
だけど だけど
C
Am
C
いいんだよ ハァー かつおぶしだーよ
いいんだよ ハァー かつおぶしだーよ
C
G
C
to 𝄌
じんーせいーは
じんーせいーは
1.
Intro Am
Em7

F
G
stacc.
ミ ミ シ レ ミ ミ シ レ ファ ファ ド レ ファ ファ ド レ ファ ファ ド レ ファ ファ ド レ ソ ソ レ ミ ソ ソ レ ミ
G
Am
Dm
G
C
F
ソ ソ レ ミ ラ ド レ レ レ ソ ソ ソ ド ファ
C
(子ども)
2.
ね こ
A へ
B へ
D.S.
ド ド ド ド ド ド ソ ド ド ド
Ending
C
G
C
F
C
ド ソ ド ソ ド ファ ド ド ド

ネコを擬人化した演歌です。リズムに乗って楽しく歌いましょう。

せかいが ひとつに なるまで

●作詞／松井五郎　●作曲／馬飼野康二　●編曲／矢田部 宏

♩= 86
F C Gm7 C F Dm C F C C G7
A
C G Am Em F Fm C G
1.まぶしいー ひざしがー きみの なまえを よぶ
2.はじめてー であーったー あのひ あのばしょ から
A'
C G Am Em F Fm C
おんなじー きもちでー そらが みえるよ つら
いろんなー みらいがー あるき はじめた なぜ

C E Am C D7 Gsus4 G
いときー ひとりきりで なみだをこらえないで
みんなー このちきゅうに うまれてきたのだろうー
B
C F G C Am Dm7 G
せかいがひとつになるまで ずーっとてをつないでいよう あた
せかいがひとつになるまで ずーっとてをつないでいよう おも
C E#5# F D C Am Dm 1. G C
たかい ほほえみでー もうすぐゆめがほんとうになるかーら
いでの まぶしさにー まけないとてもすてきなゆめ
2. G C 間奏 C E Am C D7
があーる

勇気がわいてくる歌詞です。卒園式などにぴったりの歌ですね。

おおさかうまいもんのうた

●作詞／長谷川義史　●アメリカ民謡　●編曲／矢田部 宏

G C D7 G G
おおさかには
C G G D7 G C G
うまいもんがいっぱいあるんやで
G C G G D7 G
たこやきぎょうざおこのみやきぶたまんっ!
いかやきばーってらあわおこしーようおこし!
かにどうらくづぼらやもんじゃやきーなんでやねん!

絵本『大阪うまいもんのうた』（長谷川義史・著／佼成出版社・刊）が発行されています。絵本にかいてある振りをまねて、楽しく歌ってみましょう。この歌は大阪府高槻市にある人形劇団「ころりん座」（代表・藤内登美子さん）の旗揚げに伴い、河村和代さんが提供した『大阪のうまいもん』という遊び歌が保育所等で歌われ、多くの子どもたちにも歌われる中で、長谷川義史さんがアレンジを加えたものです。

ゆめを かなえて ドラえもん

●作詞・作曲／黒須克彦　●編曲／矢田部 宏

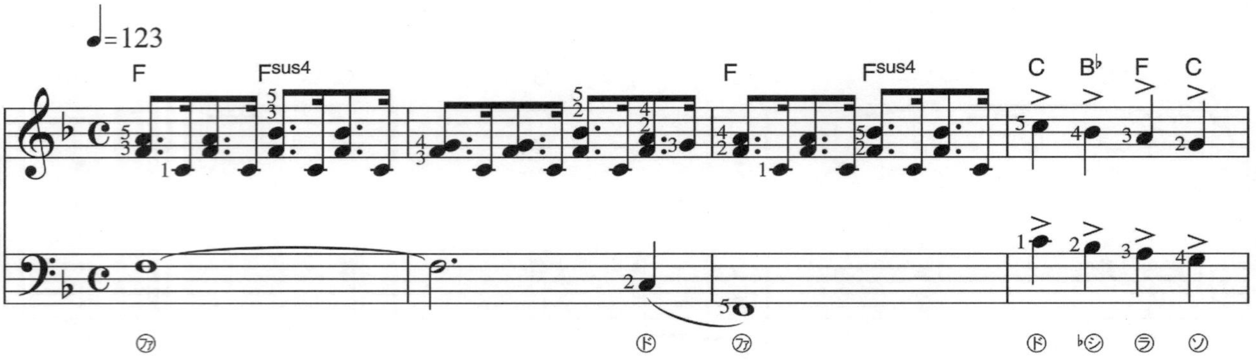

F C7 B F
かいちずー
かけようー
セリフ
(タケコプタ～)
(タイムマシン～)
そらをとんでと
だいじょうぶさひ
(「タケコプタ～、タイムマシン～」は大きな声で、最後の言葉は「～」でのばす)
F Gm
ーきをこえて とおいくにーでーもー ドーア
ーとりじゃない ぼくがいるーかーらー キーラ
C F
をあけてほら いきーたいーよーいま すぐー
キラかがやく たからものーさーがそうよー
F F7 B♭ C 𝄋 F
セリフ
(どこでもドア～)
(四次元ポケット～)
おとなになったらーーわ
みちにまよってもーーな
𝄋おとなになってもーーき
(「どこでもドア～、四次元ポケット～」は大きな声で語ろう)

Gm F F7 B♭ Am Dm
すれちゃうのかな？ー (𝄾) そんなときにはー お
かないでいいよー (𝄾) ひみつのどうぐでー た
ーっとわすれないー たいせつなおもいー い
ソ レ ソ ファ ファ ミ ♭ミ レ ♭シ ファ ♭シ ミ ラ レ ド ♭シ ラ
G C D F Gm
もいだしてみようー (𝄋) Sha la la la la ぼくのこころに
すけてあげるよー Sha la la la la くちぶえふーいて
つまでもずーっとー
ソ ソ ラ シ ド ♭シ ラ ソ ファ ファ ド ファ ファ ファ ド ファ ソ ソ レ ソ ♭シ ソ レ ソ
C F D7
いつまでもかがやくゆめー ドラえもん そのポ
たからかにあるきだそうー ドラえもん あのま
ド ソ ミ ソ ド ソ ミ ソ ファ ファ ド ファ ド レ ミ ファ ソ ファ ド ラ ド レ ド ♯ファ ド
Gm C7 F C
ケットでーかーなえさせてねー
ちまでーとーどけばいいねー
ソ ♭シ レ ♭シ ソ ♭シ レ ♭シ ミ ♭シ ド ♭シ ミ ♭シ ド ♭シ ラ ファ ソ ミ ソ ド

E
F Gm C
Sha la la la la うたをうたーおう みんなでさあてをつ
Sha la la la la ぼくらのみーらい ゆめがいっぱいあふれ
ファ ファ ド ファ ファ ファ ド ファ ソ ソ レ ソ ♭シ ソ レ ソ ド ソ ミ ソ ド ソ ミ ソ
F F D7 Gm
ないでー ドラえもん せかいじゅうにーゆーめ
てるよー ドラえもん きみがいればーみーん
ファ ファ ド ファ ド レ ミ ファ ソ ファ ド ラ ド レ ド ♯ファ ド ソ ♭シ レ ♭シ ソ ♭シ レ ♭シ
F to ⊕ 1. C
F
F Fsus4 C
をそうあふれさせてー
ながえ
ド ラ ファ ド ラ ファ ド ド ♭シ ソ ド ♭シ ラ ソ ファ ミ ファ ド
F C 2. C7 F C7
がおになる
ファ ド ♭シ ラ ソ ド ド ♭シ ソ ド ラ ファ ♭シ ミ ド

 テレビアニメ『ドラえもん』のテーマソングです。繰り返し記号が多いので、注意しましょう。

編曲者紹介

矢田部　宏（やたべ ひろし）

京都市立音楽短期大学（現・京都市立芸術大学）作曲科卒業後、同大学で教鞭を取る。元・平安女学院短期大学保育科教授。作曲家。日本音楽著作権協会正会員。童謡、小·中学校での合唱曲など幅広い作曲活動を続けた。
1981年度、私学研修福祉会、研究成果刊行物助成金を受ける（『こどものうた88曲集』）。
1998年12月、社団法人全国保母養成協議会（現・社団法人全国保育士養成協議会）より、永年の保育士養成への貢献に対し表彰を受けた。

＊ 主な受賞曲など ＊

「人生ばんざい!」=作詞・やなせたかし=(男声合唱のための組曲)=音楽之友社より優秀賞
「春の岬に来て」=作詞・三越左千夫=仙台・五橋中学校演奏=NHK 全国学校音楽コンクール・全国1位
「お月さまのメルヘン」=作詞・鳥居 翠=こうべ童謡創作コンクール・優秀賞（本書 P.72）
「ぼくはおばけ」=作詞・小春久一郎=三木露風賞第1回新しい童謡コンクール・優秀賞（本書 P.222）
「こどもの夢を」=作詞・藤 哲生=第1回ふるさと音楽賞 日本創作童謡コンクール・優秀賞（本書 P.225）
「にじのはしわたる」=作詞・小春久一郎=第1回日本の子どもふるさと大賞創作童謡の部・最優秀賞（本書 P.228）
「ゴーゴーゴリラ」=作詞・摩耶翠子=旧・小学校2年生用教科書に採用（「小学生の音楽2」音楽之友社）
「黒いこいぬ」=作詞・谷川俊太郎=旧・小学校3年生用教科書に採用（「小学生の音楽3」音楽之友社）
「つる」=作詞・矢田部誠子=長野市・朝陽小学校演奏=NHK 全国学校音楽コンクール・全国1位

STAFF

楽譜浄書　（株）福田楽譜
本文イラスト　柳深雪
編集協力　堤谷孝人・(株)サンヨーシーティーエス（はやはらよしろう・杉生理佐子）
企画編集　安藤憲志・長田亜里沙・橋本啓子
校正　堀田浩之
㈱ヤマハミュージックエンタテインメントホールディングス 出版許諾番号 20211239 P
JASRAC出1000996-421

from to 保育者 books ④
年齢別 12か月 こどものうた154

2010年 3 月　初版発行
2024年 5 月　第21版発行

編曲者　矢田部　宏
発行人　岡本　功
印刷所　TOPPAN株式会社
発行所　ひかりのくに株式会社

〒543-0001　大阪市天王寺区上本町3-2-14　郵便振替00920-2-118855　TEL06-6768-1155
〒175-0082　東京都板橋区高島平6-1-1　郵便振替00150-0-30666　TEL03-3979-3112
ホームページアドレス　https://www.hikarinokuni.co.jp

Printed in Japan

ISBN978-4-564-60386-0　C3037
NDC376　276P　26×21cm